交通権 ①

現代と交通権

戸崎　肇［著］

学文社

はじめに

二一世紀となり、われわれは、さまざまな分野で新たな取り組みを求められている。情報化の進展は目覚しく、それにともなって経済・社会のあり方も急激な変化を遂げつつある。また、先進国における少子高齢化も進み、高齢化社会をどのように受けとめていくのかは、世界的な共通課題となってきた。そして、それに加えて環境問題の深刻化がある。その取り組みの必要性はすでに深く認識されながらも、具体的な施策の段階になると、いろいろな思惑が絡み合って、容易に前進はみられていない。

こうした状況下で、すべての問題に深いかかわりをもつのが交通である。したがって、交通を通して、現代社会が抱えている状況を有機的にとらえうるかと考え、本書の企画へと結び付いていった。つまり、交通を軸とした現代社会分析と考えていただければ幸いである。

第1章では、何といっても国際社会に強い衝撃を与えた米国同時多発テロ事件を取り上げた。ここでは、今回のテロが照らし出した現在の経済が抱える脆弱性について述べている。

第2章では、高齢化の問題を取り上げている。財政制約のなかで、どのようにして高齢化社会を支えていくのかを、交通という視点から分析したものである。ここでは高齢者に対する雇用の供給ということがメインテーマになる。

第3章では、環境問題を取り上げた。昨今の環境政策のあり方について、国際的な観点から批判的検証を行っている。そして、情報化とのかかわりからITS（高度道路交通システム）について考えてみた。

第4章では、規制緩和政策・自由化政策の推進にともなって、日米でどのような市場の変化が起きているのかということを航空産業を例として検証している。特に、日本の航空関係者を揺るがせた日本航空と日本エアシステムの統合問題について論じている。

そして第5章では、昨今の交通政策の総合化の取り組みのなかで見直されている「交通権」について、その内容と、対比される諸外国の状況について紹介・分析を行った。

以上のような内容を総合的に把握することによって、現在のわれわれが置かれている状況、そして何に対して取り組んでいくべきかという課題が明らかになれば、初期の目的は達せられることになる。それが不十分であることについては、読者諸兄のご意見、ご批判をどんどんお寄せいただきたいと願っている。

本書は、先に出版した『情報化時代の航空産業』の続編として位置づけている。今後も続けて、二〇〇二年二月からの道路運送法の改正後の問題など、より広く陸運、また海運の問題を取り扱ったものをシリーズ化していきたいと考えている。

最後に、本書の出版においては、前書同様、学文社の稲葉由紀子氏に多大なるご配慮を賜った。延び延びになる締め切りを我慢強く受け入れていただいた氏の寛大な処置がなければ、本書は到底日の目をみることはできなかった。ここに深く感謝の意を表したい。

二〇〇二年二月

戸崎　肇

現代と交通権・もくじ

もくじ

現代と交通権

第1章　米国同時多発テロと日本の国内航空

1　同時多発テロの意味

二〇〇一年九月一一日、アメリカで起きた同時多発テロは、世界の政治・経済・社会に甚大な影響を及ぼした。また、その後のアメリカの報復行動は、どのように事態を収束させるかという難しい問題を抱え、今後の見通しを立てにくくさせている。

今回の同時多発テロは、九〇年代初頭に起こった同じ中東を舞台とした湾岸戦争時の状況とよく対比されるが、よく見てみると両者の間には重要な違いがある。

まず第一に、事件が起こった時点での世界経済の現状の違いである。湾岸戦争時には、確かに航空産業、ならびに旅行産業は壊滅的ともいえる状況に直面し、特に世界的に進められている自由化による競争促進政策が収束の方向に向かっていたアメリカ航空業界では、寡占化への再編速度を促進したということがあった。しかし、その後、アメリカ経済は「ニューエコノミー」(1)と後に呼ばれる空前の長期好況を迎える。したがって、戦争の影響も予想以上に早く回復していった。このことは日本の場合にもあてはまり、バブル崩壊と湾岸戦争という二重苦を味わった航空産業も、アメリカ経済の好況によって一息つくことができたのである。

これに対して、今回の状況は世界同時不況に突入しようとしているなかでの事件の発生であった。アメリカは、二〇〇〇年暮れ頃から経済衰退の兆候が現われていたが、ここにきて顕在化しつつあった。これを一気にマイナス成長にまで押し下げることになったのである。(2) また、失業率も五・四%となり、ここ数ヵ月前まで続いていたが、日本における失業率が高いという「逆転現象」が今日では解消されている。

このことは、日本経済の回復基調を湾岸戦争に比べて長期化する可能性が大きいということを意味する。現在、日本は構造改革を押し進めており、成長よりも構造改革が優先されるべき課題であるとされている。こうした路線が継続されるなら不況の長期化は免れず、需要減と安全負担増(3)に苦しむ航空業界も、抜本的な経営のあり方を迫られることになろう。なぜなら、航空産業は景気に敏感に左右される業種である。これが、事業の再編とともに国内、特に地方経済に与える影響は、後に見るように少なくないと考えられる。

もう一つの相違点は原油価格の動向である。湾岸戦争時には油田地域が直接、爆撃を受けたこともあり、その価格が二倍に高騰し、航空業界の業績悪化をさらに加速させることにつながった。しかし、今回の場合は原油価格は逆に値下がり傾向を示した。これは、アメリカを中心とした世界同時不況に陥ったことと、戦闘地域が湾岸戦争時と違い、産油国に及ばないだろうとの観測が広まったためであった。ここで原油価格まで高騰していたら、航空業界はさらに悲惨な状況に直面したことだろう。

さて、今回のテロ事件によって直接大きな打撃を被ったのは航空産業や旅行産業、そして損害保険業界であろう。アメリカにおける株式市場再開直後の株価の動向も、そのことをいち早く反映し、航空関連株の下げ幅が大きかった。そのため、アメリカ政府はいち早く緊急支援策を発表し、一五〇億ドルの資金を投入し、特に航空業界に対しては五〇億ドルという現金注入策を実行した。欧州でも対応は遅かったが、緊急支援策の実施に乗り出した。

これに対して日本では、企業救済につながる有事法制が整っていないという理由から、直接の支援策は打ち出されなかった。(4) 確かに私企業に対して公的資金を投入することについては、その正当性が検証されなければならない。(5) それは非常時であったとしても、財政制約がある以上、この点は回避できないことは認めざるをえない。しかし、銀行の債務処理(不良債権問題)の場合になされた議論と同様に、交通機関の維持は、現在の情報化社会において金融と同等の経済的な要請事項となっている。現代における交通の重要性は、アメリカの場合、ジャストインタイム・システムの崩壊という形で顕在化した。つまり、情報産業を中心とした国際経済は、国際間の水平分業体制を確立させてきている。しかし、その優位性や情報化社会の利便性を支えているのは高速交通手段である。今回のテロ事件が発生したことで、アメリカ国境地帯での検問体制が強化され、カナダ、メキシコとの水平分業体制、ジャストインタイムが有効に機能しなくなってきたのである。

また、情報化が進めば、重要な情報交換は人と人との直接接触を通して行われることになる(6)。それゆえ、今回の航空会社に対する日本の緊急支援は十分に正当化されるものであった。にもかかわらず支援体制が後手に回ったことは、国内経済のあり方、特に地域経済の行方に少なからぬ影響をもたらされると懸念される。

最近になって、米国同時多発テロの影響によって経営破綻に陥った例が出てきている。大成火災海上保険は、二〇〇一年一一月二二日に更正特別法の適用を申請し受理された。このテロなどによる保険金の支払見込み額が七四四億円に膨らみ、九月末時点で三九八億円の債務超過に陥った結果である。今後こうした破綻は、旅行業界で顕在化するのではないかと懸念されている。航空会社にとっても傍観できる事態ではない。

2　観光産業・旅行産業への影響

米同時多発テロの影響によって、海外旅行は多大の減収がみられる。

国土交通省所管の国際観光振興会は、二〇〇一年九月に、観光や商用などのために出国した日本人旅行者数が推計で前年同月比二一・五％減に留まったと発表している。この減少幅は、湾岸戦争時以

来の大きさだとしている。(7)

主要旅行五〇社の九月の海外パック旅行の取扱い人数は、前年同月比二一・一％減であった。取扱い高は同二五・七％の減少である。一〇月はさらに減少が拡大したものと見られている。(8)

ただ、この減少分は国内旅行へと移行している。ＪＴＢの発表では、一二月の海外パック旅行の予約が前年同月比四〇％減になったのに対し、国内パック旅行は二四％増加している。(9)また、修学旅行を海外から国内に切り替える学校も出てきている。

一面において、このことは旅行代理店にとっては望ましい側面もある。海外旅行の取扱い量よりも国内旅行のほうが利幅が大きい傾向があるからだ。しかし、もともと国内旅行は割高であるという理由で敬遠されがちであった。国内旅行自体を早急に見直していかないと、こうした国内需要の盛り上がりも一過性のものとして終わってしまうだろう。そうなれば、旅行需要全体が落ち込むことになり、観光・旅行業の経営に深刻な影響を及ぼすことになっていく。

また、国内でも波及効果には相違がある。海外と同様に深刻な被害を被っているのが沖縄である。それは米軍基地が集中的に配備されている沖縄が、今後テロの標的になる懸念が拭い去れず、修学旅行等の相次ぐキャンセルで観光需要が落ち込んでいる。したがって沖縄にとっての最大の産業は観光産業であり、二〇〇一年度はキャンペーンを張って旅行需要の喚起に取り組んでいた矢先の出来事であった。現在、観光誘致などの新たなキャンペーンを東京などで行っているが、需要喚起には十分つながっていない。そして、こうした旅行需要の落ち込みは、航空会社にとっても大きなダメージとしてボディーブローのように効いてくる。

3　安全対策上の問題

今回のテロ事件との関係で問題となったことの一つに安全性の問題がある。世界各国の損害保険各社は、二〇〇一年九月二五日午前から、戦争やテロなどによる特殊事情をともなう事故に際し、第三者（ビル、建造物や被災した人など）に対する保険金支払限度額を二〇億ドルから五〇〇〇万ドルと、四〇分の一に引き下げた。そして、同年一〇月一日搭乗分から、旅客一人当たり一・二五ドルの追加保険料を要求している。日本もこれにそって、保険料の値上げ分がそのまま利用者に転嫁されることになった。

こうした値上げは大義名分があるとはいえ値上げには違いなく、事件のイメージが鮮明であるかぎり納得するかもしれないが、一定の時間が経てば、消費者にとっては、それは単なる値上げであるとしか受け取れなくなるだろう。

日本人は安全は当然保障されるものだと考えがちであり、安全性の確保に対するコスト負担を評価しようとしない傾向が強い。これを機に、安全性の確保とコストとの関連性を明確に打ち出し、旅客に納得してもらうことが重要であろう。しかしながら、航空市場における競争に安全をめぐる差別化の余地がなく、競争の幅、ひいては消費者側にとって選択の幅がそれだけ狭まる結果となるからである。

4　業界再編：日本航空と日本エアシステムの統合

テロの影響は、国内航空業界の再編を加速させることにもなった。二〇〇一年一一月、日本航空（JAL）と日本エアシステム（JAS）が経営統合することで合意した。両社の統合は、これまでにも幾度となく話題になってきたが、真剣に取り上げられることはなかった。それが今回ついに具体化したのである。二〇〇二年秋にも持ち株会社を設立し、両社が傘下に入ることで最終調整を図っているという。これによって新会社は、世界六位の航空会社となる(10)。

それは国際的なネットワーク戦略という言葉がさまざまな業界で浸透しつつある今日、業界再編につながるものである。その先進的な例として、航空会社間における国際提携戦略について述べる。国際航空の場合、その運送は二国間体制に依拠しているが、国際的な交渉の進展によって国際間提携も頻繁に変質を遂げている。つまり、従来は提携関係がきわめて不安定なものであった。しかし、最近に至っては、北大西洋路線を中心とした提携関係に見られるように、その市場を本格的にコントロールしようとする提携に変わってきているのである。具体的にはルフトハンザ航空とユナイテッド航空を中心としたスター・アライアンス、英国航空とアメリカン航空を中心としたワン・ワールドの動きを見ればわかるだろう。

こうした状況下では、一部の強力な企業群しか国際市場で生き残っていけないことになる。国内企業も、こうした動きに敏感にならざるをえない。出遅れれば、国際競争で致命的な敗北を喫し、消滅してしまうことが考えられる。このような状況を加速させたのが今回のテロ事件ではなかろうか。こうした潮流の延長線上にＪＡＬとＪＡＳの統合も位置づけられる。

この結果、国内市場はこれまでの三社（ＪＡＬ、ＡＮＡ、ＪＡＳ）による事実上の寡占体制から、二社による複占体制へと移行する。これは、二つの方向性を示唆するものである。一つは今後とも競争が激化する可能性である。今回の合併によって国内線における実力差はほぼ解消されることになる。実力が伯仲したもの同士の競争は熾烈なものとなる。その一方で二社体制になれば、お互いに無用な競争を避けようとして協力体制に入ることも容易になる。公正取引委員会には市場占有率二五％指標があり、統合の結果、その占有率が二五％を上回ると独占禁止法の関心の対象となるという。しかし、今回の統合では、全日空との関係から独禁法が適用されることはないと見られているが、国際競争が激化していくなかで、日本企業の体力強化を優先させるべきか、あるいは国内市場の健全性の確保を第一課題とするか、監視する側も難しい選択を迫られることになることは間違いない。とはいっても再規制の方向に進むことは考えられない。競争の健全化に向けたガイドラインの提示や、それに基づく消費者の判断こそが、今後の市場の方向性を規定するものとなることが期待される。[11]

5　地方経済への影響

もちろん、この統合が現実的にどこまで実質化するかということは、今後の交渉しだいであろう。しかし、経営環境の悪化を受け、既存航空会社がこれまで以上に経営の見直しを進めることは確実である。その際、不採算路線の見直しは避けられない。これからは、地方の生活路線の維持と地方空港の存続という、これまでも繰り返し論じられた問題に立ち返らざるをえない。

いま自由化政策が押し進められていくなかで、地方生活路線の切り捨てが頻繁に論じられてきた。また、地方空港の採算性の低さは、路線の見直しにより事業収入の減少によって破綻の危機を迎えるのではないかという危惧が地元側にはある。そのため地方自治体では、最近になって、空港の存続のための研究会やシンポジウムを盛んに行うようになってきている。

地方生活路線の維持のためには、なんらかの公的援助が必要不可欠である。もちろん、全部を残すことは無理であろう[12]。しかし、今後ダイナミックな再編が行われていくことが予想されるなかで、早急に必要な路線の見極め基準を設定し、それを公的に支えるような体制を整えることが必要であろう。そうしなければ、自由競争下で民間企業たる既存航空会社は、生活路線を採算上切り捨てざるをえないことになるからである。そして、こうした下支えこそが明確になれば、必要な地方空港の存続条件も、根本から満たされることになると思われる。米同時多発テロ事件の影響は、意外にも国内航空の行方にも大きな影響をもたらすのである。

(1) ニューエコノミーとは、アメリカにはもはや好不況の波はなく、ずっと好況が持続するような状況になったという主張であり、FRBのグリーンスパン議長によって最初に提唱された。この主張の背景には、情報技術の発達により在庫管理技術の向上、派遣労働の広範化による人件費の抑制効果の浸透などがある。

(2) アメリカの七月から九月のGDP(国内総生産)は、前期比年率換算で実質〇・四%の減少となり、九三年一月期以来のマイナス成長になった。

(3) コックピットの改修費、安全検査機器の新規導入など。

(4) 利子負担の軽減など、間接的には打ち出された。

(5) この点については、銀行の不良債権に関する公的資金の投入時の議論を参照されたい。

(6) この点に関する議論については、拙著『情報化時代の航空産業』学文社 二〇〇〇年も同時に参照されたい。

(7) ちなみに一九九一年三月は二九・八%減であった。

(8) 『日本経済新聞』二〇〇一年一一月一六日付。

(9) 同右。

(10) 国内線シェアでANAと並ぶ四八%、国際線で七五%のシェアを握る。なお、この問題については第4章で詳しく検証する。

(11) 今回のJAL・JASの統合は、これから新規参入しようとする企業にとっては有利になるという見解がある。今回の統合を承認したことによって、政府が競争促進政策を緩めたわけではないということを広く訴えるために、新規参入会社の免許申請に対して寛大な姿勢を見せるのではないかというのである。この点はある程度妥当性を持つものではないかと思われる。

(12)　とはいえ、一度作ってしまった空港を廃止することも、至難のわざであることも確かである。このことは、関西新空港開港時における伊丹空港の動向を見れば明らかであろう。以前から騒音問題等で空港の撤廃運動が強かったのが、関西新空港の開港によって閉鎖になる可能性が示唆されると、地元経済への影響から、一気に空港存続へと運動の方向転換をはかったのである。伊丹の例にかぎらず、公共建築物を廃止するのは、計画・実行者の面子もあるし、難しいのでだろう。そのためには、既存のものを再活性化するかを考えることこそが、これからの空港政策では重要になってくる。

第2章　高齢社会と交通：雇用と生きがいを求めて

高齢化の進展が、今後の社会構造の変化に大きな問題を提起している。価値観やライフスタイルの変化にともない、少子化の傾向は促進されて、現在日本の合計特殊出生率は一・三四人にまで減少した（一九九九年）。これは、福祉政策を継続していく上で非常な脅威となっている。つまり、労働人口一人当たりで支えなければならない高齢者層があまりにも多すぎる結果、実際の負担の大きさのみならず、労働意欲まで減退し、ひいては社会全体の活力低下に結びつくという危機感の高まりである。

こうした事態を受け、政府はアメリカ型年金システムである四〇一ｋプラン（アメリカ・エンロン社の破綻から一考しなければならない）の導入をはかり、従来の確定給付型から確定拠出型の年金保険体制に移行させようとしている。これは端的に言えば、資金の運用形態の選択を各自の判断に任せるという自己責任原則の徹底化であり、これが本格的に導入されれば、個人が自力で生活していくことが要求される社会を指向することになる。(1)

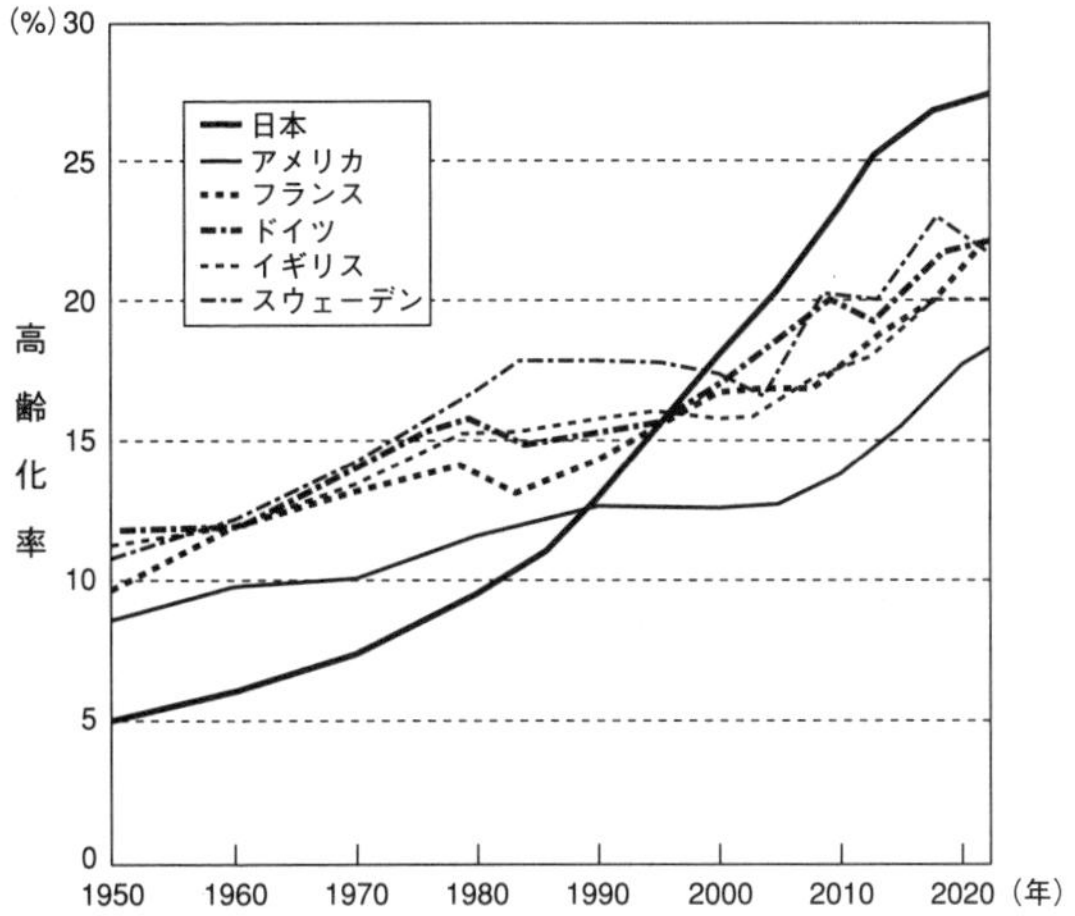

『高齢社会白書（平成12年版）』2000年より。

図２－１　高齢化社会—世界に例をみない速さで進む日本の高齢化

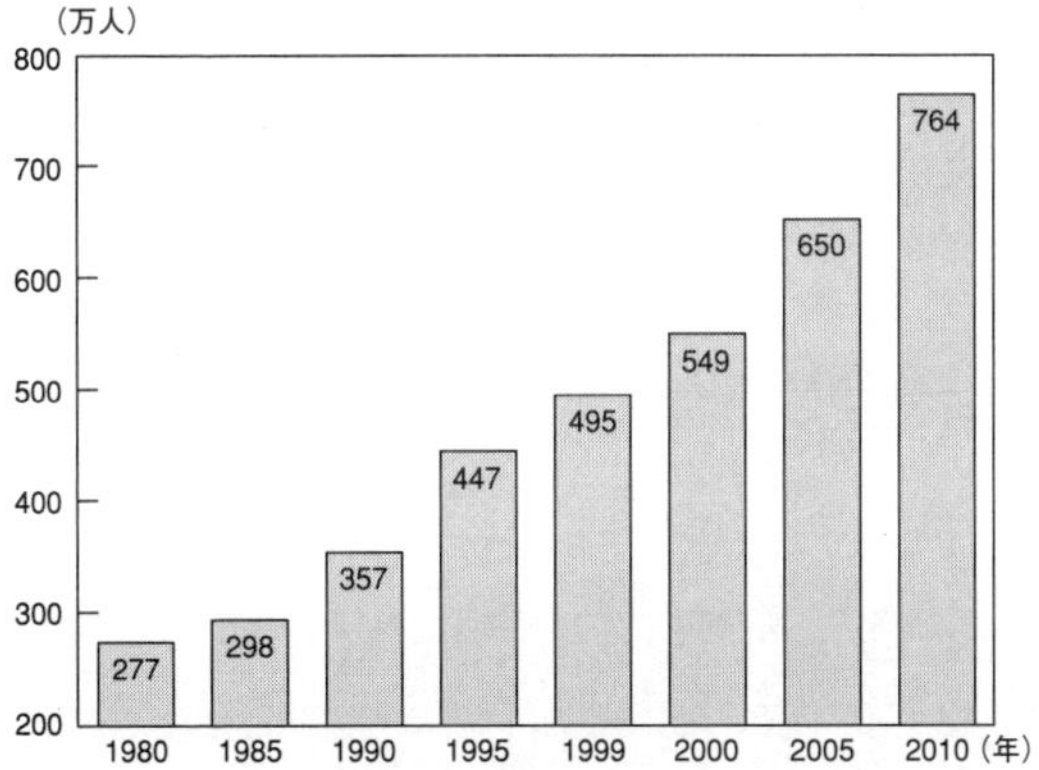

資料：1999年までは総務庁統計局「労働力調査」，2000年以降は経済企画庁総合計画局推計による。

同上書より。

図２－２　福祉社会—高齢者の労働人口は増加し社会進出が進展

そこで本章では、こうした高齢者の自立がいやおうなく要請されている現状で、それに対する環境整備をどのように行っていくべきかを、交通政策と関連づけて考えていく。まず、現在の日本の産業構造のなかで高齢者の存在はどのように評価されているかを検討する。具体的には年功序列制の新たな意義の問い直しである。

1　年功序列制の見直し：高齢者の労働力の適切な再評価

社会は、経済が進展していくに従って一次産業から二次産業へ、そして三次産業へと、その産業の比重を移行していくという歴史的検証から導き出された経済法則がある。これをコーリン・クラークの法則という。日本もすでに第三次産業が主力となるような段階に突入している。

この第三次産業、すなわちサービス業を中心とするものにおいては、いかなる点で付加価値を形成できるか、すなわち競争力の源泉となるものは何であろうか。

ここで第三次産業の主力であるサービス業について考えるならば、人間の機微をどれだけ具現化できるかということであろう。つまり、顧客である相手のニーズを適切かつ迅速に汲み取り、それを商品としてのサービスをいかに提供していくことができるか、ということである。もちろん、このようなことが可能になるかは、各人のその場の判断力、洞察力に基づくことはいうまでもない。しかしながら、人間の欲求を汲み取ることができるのかといった能力に関しては、各人の経験がものをいうであろう。これは、今後の高齢化社会における第三次産業化ということを視点に入れて考えれば、一般的な総悲観論とは異なり、日本では、経験に基づく多面的なノウハウを基盤とした新たな産業競争力が形成されていく希望的観測が導き出される。

しかし、日本の現状では、これとは全く反対の方向に進みつつある。それは、九〇年代初頭のバブル経済崩壊後、長びく経済不況のなかで、これまでの日本経済の構造が見直され、いわゆる日本型経営システムとして国際的評価を得てきた終身雇用制、年功序列型賃金制等が急速に廃止されてきたのである。以下、この二つの日本型経営システムの特徴と呼ばれてきたものと、さらに昨今進んでいる定年年齢の引き上げの問題について個別に検証してみよう。

(1) 終身雇用制の問題

終身雇用制は、景気変動に迅速に対応でき容易に人員調整が可能な派遣労働の増加という方向によって弱体化してきている。これは企業側からの要請だけとはいいきれず、若年層側も固定的な雇用関係に縛られず、フリーターとしての生き方を求める動きがあることも、事態を複雑にしている。

この制度の優れた面は、安定した雇用関係のなかで長期的展望をもって人生設計が立てられること、そして企業側も、会社の事情を根本的なところから理解できる人材を育成することである。もちろん、現在のような変革期には、こうした業界内の内情に詳しいことがかえって改革の足枷になることも事実である。しかし、全てが外部からの人材登用による、あるいは不安定な雇用契約のなかから改革が推し進められるのならば、刹那的な経営判断になりかねないし、せっかくの業界としてのノウハウの蓄積が崩壊してしまう危険性をはらんでいる。たとえば文書やマニュアルとしてそれまでのノウハウが蓄積されているといっても、実際の場面に遭遇するなかでつちかわれたマニュアルというものは、その経験者の適切な指導なくして機能しない場合が多いのではないかと考える。

終身雇用制を全面的に肯定するものでは毛頭ないが、時代の潮流に安易に乗って、簡単に終身雇用制を切り捨ててよいのであろうか。

(2) 年功序列型賃金制の見直し

終身雇用制と同様、広範かつ急速に見直されているのが年功序列型賃金制である。これは勤続年数が加算されれば自動的に賃金が上昇する制度である。それが労働意欲を阻害するとして批判の対象となり、競争意識をいっそう鮮明に引き出すために年俸制の導入が進められているのである。

年俸制は、確かに個人のやる気を引き出す効率的なシステムである。しかし、このシステムが適切に機能するためには、そのシステムの対象となる人びとの労働成果を正確に評価しうるシステムが完備されていることが不可欠となる。

これまでに年俸制が導入されてきた職種は、きわめて専門性の高いものに限られていた。あるいは契約成立件数といったような、誰の目にも明らかな評価基準が存在するものであった。これに対して、これから年俸制が導入されようとしている職種は、そのような数量的な評価が可能なものであるか過言ではない。

たとえば、中間管理職に対して年俸制の導入が進みつつあるが、果たして中間管理職の職責を具体的に規定しうるであろうか。また、職責を具体的に評価項目として拾い上げることができても、その項目間で、どの項目を高く、どのようにウエートづけして評価するのかを決めるのはきわめて難しい。

以前テレビで報道された事例によると、こうした人事評価を専門とするコンサルティング会社があるとのことであったが、その事例紹介では、従業員一人を評価するに当たり、数ページに及ぶ評価シートを埋めていかねばならないものであった。評価が詳細でも、先に指摘した問題は十分には解消できないし、それを適切に評価できるかどうかは別問題である。そして、日々の忙しい業務のかたわら毎年煩雑な評価作業を行っていくことが可能か、はなはだ疑問である。また、このために貴重な労働時間が不当に割かれるのであれば、むしろ効率的に本来業務に専念すべきであるということに反し、本末転倒になる。

こうして考えると、完全な成果の評価はかなり難しいが、それでも評価しなければならないとすると、果たしてどのような基準に基づくべきかである。この場合、妥当だと考えられるのが経験年数だということになるのである。経験だけでその人の能力の代替指標とすることにはもちろん異論があろうが、それを基本におくことは、すでに述べた理由から次善の策として認められるのではないかと思われる。したがって、年齢給を基本とし、それに努力成果が付加され報われるような形の競争型賃金制度を組み合わせていくべきであろう。そうしないと、将来の姿が見えにくい若年層では、老後の不安や少子化、消費動向の総体的減少につながることになり、社会全体としても下降線をたどる結果となりかねない。

(3) 定年年齢の引き上げの問題

昨今の長びく不況下では、リストラ策の一貫として定年年齢の引き上げが広く浸透している。しかし、前述してきたことと同様、蓄積されてきたさまざまなノウハウや、今後のサービス社会化のなかで競争力を形成する重要な要素である経験に基づく能力を十分に活用しないという意味で、何よりもその会社にとって大きな損失となる傾向がある。

以前聞いた話であるが、なぜ日本のオーケストラが技術的に優れているにも関わらず、世界の超一流となりえないのかということの一つの要因として、楽団員の定年が早いということがあげられていた。特に芸術などは、老境に入ってからの集大成といったものが、芸術の高まりにおいて決定的になる場合がある。そして、このことはサービス社会においてもある程度応用できるのではないかと思われる。加齢とともに体力は減退するかもしれないが、その内部蓄積を生かし、それを商品化していく仕組みを構築することである。こうように考えれば、高齢者の雇用政策も根本的に見直すべきであろう。

つまり、現在行われている高齢者の雇用政策は、情報化社会で対応できるための知識や技術を身につけさせ、雇用吸収力があるとされる情報産業や、あるいはその関連産業に無理矢理押し込もうとするきわめて粗っぽい政策であると見なさざるをえない面がある。こうした政策は、雇用吸収力の弱い産業から雇用吸収力の強い産業への労働力の再配分という経済原則には則っているかもしれないが、適材適所による効率性の追求といった経営原則には完全に反するものである。このような政策は、高齢者層と新卒、あるいは若年労働者が、専門性の高くない仕事をめぐって争うという事態を招くことになる。こうした若年層対高齢者という対立の構図はすでにこれまでも描かれてきており、実際にこのような事態の発生も憂慮されている。

このように考えると、今後のシルバー産業は、高齢者の豊富な経験からくるノウハウを社会に還元できるような方向性を目指すべきである。そして、このような志向性をもつ企業体を設立できるような公的援助を行える公共投資を考えなければならない[2]。

2　コミュニティーの重要性

こうした高齢者の知的資産を社会に還元させていくうえで、是非とも重要な問題として考えるべきなのは、地域振興との政策的結びつけである。

地方の時代といわれて久しいが、今日ほど地方の自立性が厳しく求められている時代はない。しかし本来の意味での、地方の良さを最大限に生かした創造的な国造りを目指そうという建設的な意味合いは薄く、中央財政の破綻によって、もはや地方を中央が支えきれないがゆえに独立しろといった、地方にとってはネガティブな政策展開である側面が強いのがこれまでの現状であった。

しかしながら、ネガティブな面も確かに克服しなければならない。地方の経済力が脆弱であることは認めざるをえないからである。いかに地理的環境が厳しかろうが、そこに行政組織があるかぎり、そのハンディを乗り越えていかなければならない。そうでなければ地方行政の再編が加速するのみである。

行政範囲の広域化については、これまで非常に活発な議論が展開されてきた。つまり、現在の行政区域はあまりにも細分化されており非効率である。たとえば小さな町であっても、役所は他の大都市と同様に建設しなければならないし、学校も全く同様である。こうした加重投資をなくし、財政負担の軽減や行政効率の向上を目指すべきだということである。

確かに加重投資の現状については見直さなくてはならない面がある。しかし、これは情報技術によってかなりの部分は代替していくことが可能ではないかと考える。たとえば印鑑証明の発行などは、現在でも自動化が進められ、より身近なところで、しかも簡易な方法で受け取れるようになってきている。こうした方法を導入すれば、地方行政自体も変わってくるのであって、これまでの延長線上で、単なる規模だけを論じるのではなく、実質的な地方行政とは何なのかという基礎的な議論を検討する必要があるであろう。

このように、今後の地方の重要な機能は、コミュニティーの維持や再生ということではないかと考える。特に財政逼迫のなかでの福祉政策を考えれば、このコミュニティーのもつ互助機能こそが重要性を帯びてくる。

先日NHKのある番組のなかで、東京と地方との間での出生率の違いがなぜ顕著に大きいのかについて、その検証を行っていた。

東京では、ほとんどが核家族であるうえに、生活費が高いことから夫婦共働き世帯が多い。共働きをするためには子どもの面倒を見ることが難しくなる。共働きを継続するとなると、誰かに子どもを預けなければならない。しかし、地方とは違って、大抵の場合は近くに親戚はいないし、近所との付き合いも希薄である。そうなると、保育園などを利用しなければならないが、公立保育園では保育時間が短いために、迎えの時間に間に合わなかったり、仕事にも差し障りが出てくる。そこで、長時間保育の場合、料金の高い私立保育園に預け、それでも時間的な制約がある場合にはベビーシッターを雇うということになる。その結果、生活費が高いことが子どもを持たない直接の理由になるのではなく、子どもを育てる環境そのものが整備されていないことが問題であるという構図が見えてくる。

これに対して地方の場合、コミュニティーが共同責任のような形で子どもの面倒を見るような体制になっている。職住一体、あるいは両者が極めて近いというところから始まり、親戚も近くに住んでおり、いざというときに力になってくれる。それに加えて地域住民が面倒を見てくれるのである。お互いに顔が見える関係、すなわち日頃から密接なコミュニケーションがとられているから実現可能なことなのであろう。確かに都会の生活を求める人は、こうした密なコミュニケーションから逃れ、

「自由」なライフスタイルを望むのだが、その代償は大きく、また、同時に一個人の問題に限定されず、これまで述べてきたような「少子化」の促進という形で社会的にも大きな問題を投げかけることになっている。(3)

コミュニティーの重要性に関しては、一九九五年の阪神淡路大震災の場合に同様な示唆が提示されている。

その大震災によって神戸は全域にわたって大きな被害を被ったが、その復興度合いには地域格差が見られた。それにはさまざまな要因が考えられるが、なかでも注目されるのは長田区の復興に向けた取り組みである。長田区は、神戸区域のなかでも古くからのコミュニティーが維持されているところである。そのため震災の際にも、だれがどのような被害を被ったかをお互いに迅速に把握しあい、必要な援助を適切に行うことができたという。これに対して新興都市部では、被害対策が後手にまわった。これなどは、以前であれば近代的設備が整い、きちんと区画整理されている新興都市部のほうが災害にも強いだろうといわれていたことへの、強烈なアンチテーゼとなったいい見本であろうと思われる。

このように、コミュニティーを維持・再生していけば、人工的に福祉システムや災害対策システムをつくるよりも、よほど効果的で費用節約的であることがわかる。これからの地方行政は、情報技術を最大限に活用しながら、歴史的・文化的観点に十分留意したコミュニティーの維持・再生を最重点戦略とすべきである。

3　高齢者の生きがい創造と地域活性化

地域の自立性を本来の意味ではかるためには、何よりも中央政府からの経済的自立を達成しなければならない。

現在、地方自治の財政は「三割自治」と呼ばれる状況にある。地方が独自に調達することのできる自主財源は全歳入の約三分の一に過ぎず、残りは地方交付税交付金が約三分の一、国から地方への補助金が約三分の一という構成になっている。そのため、国の意向に逆らうことはなかなかできず、重森暁氏のいう中央政府による地方政府の「柔らかいコントロール」[(4)]が行われている。

経済的な自立をはかるためには、その地域の特性を活かした産業が栄えることが必要である。ところが、実際にはうまく機能していないのが現状である。

以前は、地域のことは地域の人間がよくわかっているということから、地域の人による地域おこしが盛んに唱えられた。いわゆる「内発的発展論」である。この背景には東京を筆頭とする大都市資本による乱開発が、地方の豊かな自然や人間関係を破壊してきたことに対する強烈な反発が内包されている。

しかし、その後この議論は見直され、外部からの視点を導入しなければ、本当に新しいものは生まれないということが認識されてきた。つまり、地域というものを相対化・客観化してみることによって、初めてその地域のもつ固有性が認識され、それを土台とした産業振興を行うことができるということに気づいたのである。

ここで求められることは、こうして再発見したその地域の固有性をどのようにすれば具体的な地域振興策に結びつけることができるかということである。すなわち「プロデュース能力」である。[5]

このプロデュース機能を豊富に持つと思われるものが、東京で激しい市場環境のなかで闘ってきた高齢者である。この高齢者が、定年後、あるいはそれ以前に地方に移住、あるいは長期滞在し、地元の人との協力で新しい地域産業を興していくことが望まれる。

以前であればこうした可能性はかなり低かった。都会の生活に慣れた人びとが地方に移り住むという場合は、地縁の関係や家庭の問題など、なんらかの特殊な事情によることがほとんどであった。しかし、近年のバブル経済崩壊による価値観の見直しによって、ハイタレントな人ほど地方の豊かな自然や、人間関係を評価し、地域に尽くそうとする人びとが増えてきた。[6]

こうしたハイタレントな都会の労働者を、いかに地方にUターンもしくはIターンさせるかということが問題となる。その際、大きなネックの一つになるのが配偶者の意向である。

ある調査によると、Uターン、Iターンを望む人が最終的にそれを断念した最大の理由は配偶者の反対であった。それは当然のことであろう。移住したいと希望するのは本人だけだが、それに付き添う人には、多くの場合、全く興味のないことであるからだ。むしろ今まで好きなことをやってきて、さらに定年後まで付き合わされるのはたまらないといったところだろう。また、配偶者にとっての都会の環境というのは、移住したいという本人の意識よりもはるかに重要なものである場合が多いだろう。

それを克服する手段としては、配偶者がたとえ移住、あるいは地方に長期滞在しても、都会との親近感を保てるような環境をつくることである。それは何よりも都会と直接つながる高速交通手段を設けることである。

このような環境をつくってしまえば、地方から都会への若者の流出を加速させてしまい、地方が空洞化するのではないか、という反論の答えが返ってくる。いわゆる「吸い上げ効果」に対する懸念である。

確かにこの可能性は大いにあるだろう。しかし、これからの時代の価値観からすれば、いったんは相当数の若者たちが都会に流出したとしても、いずれ戻ってくるのであれば、現在の振興政策の環境整備に臨むべきではないかと考える。

4　高齢者にとっての移動

これまで見てきたように、これからの社会的な取り組み課題は、高齢者のもつ能力をいかに社会的に還元していくかということである。そのためには、高齢者の健康を維持しつつ、そのさまざまな経験を人に伝えていく環境を整えていくことである。それでは、高齢者の移動手段をどのようにして整備していくべきかということについて考えてみよう。

(1) 高齢者の移動サービスに対する取り組み

高齢者の移動サービスに対する取り組みについて、移動サービス市民活動全国ネットワークの例が紹介されているので、ここで取り上げてみたい(7)。

移動サービス市民活動全国ネットワークは、各地にある移動サービスのボランティア団体、NPO(non-profit organization)が集結して三年前に発足した組織であり、新聞に紹介された時点では一二〇団体が加盟している。

NPOやボランティア団体の移動サービスの利用費用は、必要経費を徴収する有償ボランティアが基本である。料金体系は団体で異なっているが、三〇分当たり一〇〇〇円から二〇〇〇円が平均的である。

また、横浜には横浜移動サービス協議会があり、こちらは二五団体が加盟している。世話役はNPOである「あおば」が行っている。

(2) 介護タクシーの増加

最近、介護タクシーの数が増え、また同時にサービスも多様化し、充実してきている。現在に至るまでに全国で約五〇社が参入してきている。

介護タクシーは、ホームヘルパーの資格を持つ運転手が、利用者の送迎時に介助し、介護保険制度を使って介護報酬を得るものである。『日本経済新聞』の記事のなかで紹介されているがそれに則ってみると、たとえば三〇分未満であれば、タクシー会社は通院・身体介助の介護報酬として二一〇〇円を得る。自治体が九割を負担し、利用者が払うのは一割分に当たる二一〇円となる。運賃については無料にしているタクシー会社もあるが、別途徴収しているところもあり、まちまちである。

こうした事業はほとんどがタクシー会社が行っているが、二〇〇一年の夏には、東京都武蔵村山市で、訪問介護事業者が事業主体となるケースも登場している。また、国土交通省は二〇〇一年六月、福祉目的に限定して、軽自動車のタクシー事業への参入を認める通達を出した。これによって介護タクシー事業での軽自動車の導入も進んでいる。(8)

このほかにも、商店街が電動車椅子や電動カートを貸し出し、高齢者の外出を支援するタウン・モビリティーも始まろうとしている。(9)

しかし、こうした取り組みにもさまざまな問題点が残っている。その最大のものの一つは、高齢者移動サービスに関する法的位置づけがあいまいなことである。

たとえば、(1)についていえば、自家用車が経費を徴収するということから、扱いが「白タク」と同様になり、厳密には道路交通法違反になる。また(2)について見れば、介護保険によって料金を賄うことについて、厚生労働省は、「移動サービスは制度の想定外」であるとして、基本的に容認しない姿勢をとっているのである。このため、現状では、介護タクシーの運営については各市町村の判断に委ねている状態にある。

これに対して、スウェーデンなどの欧米諸国では、NPOや民間会社が事業主体となり、高齢者の健康状態に合わせてさまざまなきめ細かい移動サービスが完備されている。この点は諸外国のケースに学び、日本でも高齢化社会の新たなインフラづくりを早急に進めていかなければならない。

5　地域交通のあり方：公営バス

地域交通の主たる担い手は公営バスである。もちろん、実際には自家用車が主たる移動手段であることは事実であるが、高齢者には、さまざまな制約から、自家用車を使うことができない場合があり、公営バスに頼らざるをえない実情を見過ごすわけにはいかない。

国土交通省（このことが報じられた際には運輸省）は、二〇〇一年度から乗合バス（路線バス）事業の参入・撤退規制が原則なくなるのを受け、生活に不可欠なバス路線を対象に支給している補助金の支給基準の見直し案をまとめている。(10) 規制緩和が進めば、生き残るための条件も厳しくなり、採算に見合わないローカル路線、生活必需路線は減便・廃止となる可能性が高くなる。そうなると、高齢者を中心に移動の権利が阻害され、国としては何らかの施策を提言しなければならない。

それによると、従来、補助金の支払額の算定は乗車人数が基準だったのに対し、二〇〇一年度からは、一定の距離がある都市間を結ぶ「広域的・幹線的路線」の条件を加えている。ただ、今回の方法は、支給対象外の黒字会社でも赤字路線があれば補助金を出すとしているため、補助金の総額は微増となる見込みとされている。

旧運輸省が提案した「地方バス生活路線維持費補助金」は、経常赤字で運営が苦しいが、生活の足として不可欠な地方バスが対象である。現状では一便の乗客数が五〜一五人の路線に補助金を出している。

旧運輸省は生活に不可欠な度合いを明確にさせる必要があるとの見解から、二〇〇一年度から都市間の路線や、総合病院がない町と、ある都市を結ぶ路線などに対象を絞り込むとしている。従来は経常赤字であることが条件だったが、この方式では赤字路線を抱えていても黒字会社は対象にならない。二〇〇一年度からは全体として経常黒字でも赤字路線であれば補助金を支給する。

公営バスに関しては、柴田徳衛氏が、乗合バスの経営について以下のような報告を書いている。(11)

「日本の乗合バスの年間のべ乗客数は三〇年間減りつづけ、六五年の九九億人が九九年は四九億人と半減した。……乗客減は、運賃収入の減少を意味する。東京都バスの経営を例にとると、九九年度、運賃収入の八七・四％が人件費に消え、燃料費・維持修繕費等は一般会計に助けられるやりくりだ。」

そして、日本における新しいバス経営の取り組みの例として西鉄バスについて紹介している。

「一つのかけに出たと思われる例に、福岡市内外を走る西鉄バスがある。JR博多駅から繁華街を含む範囲の運賃を九九年七月からほぼ半額の一〇〇円に下げ、循環バスを走らせた。ワンコイン料金の気軽さで、九ヶ月で乗客数が七七・九%も増え、マイカーによる交通混雑や違法駐車も減った。」

そして、これをさらにアメリカの場合まで延長し、シアトル市の場合を紹介している。

「公共交通の主体はメトロバスで、形や規模が都バスとほぼ同じだ。驚いたことに、市の繁華街（西鉄一〇〇円バスとほぼ同じ範囲）の料金はタダで、バス停に着くたびに歩道側の全部の扉が一斉に開き、客が勝手に乗降する。運転が楽だから、パートタイムのママさんドライバーも相当いるようだ。

運賃無料区域外を一時間近く走っても、原則一ドル（障害者二五セント等例外あり）。バス本部に無・低運賃の秘密を尋ねると、九九年度の営業費は三・二億ドル、乗客一人当たりでは二・九六ドルで、一人当たり運賃収入は〇・七四ドル（二五%）。不足分はすべて州の売上税と自動車消費税が補うという。」

そして、ここからが特に注目されるのだが、日米における地域交通の維持・運営の考え方の違いが浮き彫りにされている。

「独立採算制とは地域の税収で地域の発展を図ること、受益者負担とは顧客が増えて繁盛する商店街や交通・環境改善を喜ぶ市民による負担のこと、との考え方だという。ニューヨーク市の債券格付け会社に行き、公共交通債の格付け方法も尋ねた。料金で採算をとる考え方は古く、地方税がどれだけ補助するかが信用度のカギとのことだった。

地方分権、地方財源充実の叫ばれる今の日本で、法人税を地方税に移譲せよというのは無理だ。しかし、消費税、揮発油税や自動車重量税、たばこ税等の税務行政は事実上地方が担っており、これらの四分の三、または全部を地方に回すのはそう難しくない。各税収入は地域格差も少ない。」

ここで示された受益者負担の考え方は、現在活発に行われている道路整備特別財源の一般財源化の問題にも応用することができるだろう。この点に関しては非常に興味深い報告が以下のようになされている。

日本都市交通労働組合が、「公営バス活性化のための二四の提言―これからの公営交通事業のあり方に関する検討委員会報告」を、二〇〇〇年三月に出している。ここに公営バスの事情がよくまとめられているので紹介したい。

以下、報告書からの抜粋である。

バス事業を取り巻く基本的枠組みは「損益指標を重視した収支均衡」（収支均衡）と「多くの市民が利用してくれるバスサービスの提供」（利便性増）がトレードオフの関係にあるという厳しい環境に置かれている。このトレードオフの関係を二つの典型的な首長や議会関係者の政策判断で示すとつぎのようになる。

●政策判断1：採算性重視型。収支均衡を第一義的に重視し、利便性増は第二義的に考える。この政策判断の下での交通局が採る具体的な政策は「市場の縮小均衡策」となる。

●政策判断2：利便性重視型。多くの市民が利用してくれる利便性の高いバスサービスの提供を第一義的に重視し、多少の赤字は公営バス事業を維持していくための必要な維持費とする政策判断。この政策判断の下で交通局が採る具体策は「利便性を高めていくバス事業の展開」になる。

それ故、首長や議会関係者がこのトレードオフ関係にある「収支均衡」と「利便性」のどちらを重視した政策判断でバス事業を見ていくかに対して明確な政策判断を示していくことが必要である。この政策判断を曖昧にしたままでバス事業を運営していくならば、収支均衡を重視した事業運営では利用者から利便性の面で攻撃されるであろうし、利便性を重視した事業運営では収支均衡からの攻撃を受けることになる（以上七〜八ページ）。

公営バスがもたらす社会的価値については、

① バスが頼りの市民に対して、公共施設へのアクセスを可能にし、公共施設の持つ価値を増大させる。
② 高齢者が元気に動き回れる機会を増大させることにより、寝たきり老人を部分的に減らし、財政負担を軽減している。
③ マイカーを抑制し、都市環境の保全に寄与している。
④ 中心商店街へのアクセス手段を提供することにより、商業活動の活性化に寄与している。
⑤ バス路線があることにより、バスの沿線にある個人の資産価値を高めている。

都市は各種の都市施設（市民会館、公立病院、スポーツ施設、教育施設、博物館、市民交流施設等）を持っている。それぞれの都市施設を維持していくために、かなりの維持費用を掛けている。都市施設の使命は多くの市民に利用してもらうことにある。多くの市民が利用する都市施設は、それが生み出す社会的な価値も大きくなる。ある都市での公営バスの利用者は、一日当たり約四〇万人ある。この数字から判断すると、公営バスは、利用者数からすれば有数の都市施設と言える。それ故、バス都市施設をバスだけの観点で見る（絶対的な評価）のではなく、他の都市施設と比較してみて、どの程度市民の利用者数があり、そこからどの程度の社会的価値を生み出しているか（相対的な評価）の見方が大切である。バス事業が地域社会に生み出している社会的価値に関するデータを持つことが、公営バス事業を今後とも維持していくことに対して抱いている負担感・重荷感の解消につながるだろう（一〇～一一ページ）。

公営バス事業に携わっている人たちの基本的な認識として「バス事業は儲かる事業ではない」という認識がある。この認識は、日本だけの特殊な認識ではなく、多くの国での共通する認識である。多くの国では、バス運行に対しては三〇%ぐらいの公的補助が大体の成功ラインになっている。

収支均衡の課題は、「収入増」で打開を図る道と、「費用減」で打開を図る道がある。費用減の方が取り組みやすいのは、収入増の傾向「漠構造」（計画の成果が読みがたい、問題の構造が漠然としている）であり、費用減の計画は「明構造」（計画の成果が読みやすい、問題の構造がはっきりしている）である、という点が大きく影響している。

これからのバス事業の展開にとって、市民の足としての機能を果たしていくためには、もう一方の収入増にも挑戦していかなければならない。

短期的に正しい（費用減）≠長期的に正しい（市民の足の確保）

生活パターンの変容に対応したバスサービス網の充実に徐々に力点を移していかなければならない。しかし、これへの取り組みは結果が読みにくい課題であり、収入増に結び付くかは不明の問題である。そのためには、実験的に実施してみるという柔軟性が求められている（一三〜一五ページ）。

公営バス事業の基本枠組みである「独立採算制」については見直す段階に来ている。見直しを言い出す論拠は、公営バスの利用者と受益者が顕著に一致しなくなってきているからである。利用者イコール受益者であれば、独立採算制は公平性に合致している。しかし、公営バスのもたらす社会的便益が、利用者以外の受益者を生み出している場合は、コストを利用者のみに負担させることは、逆に不平等を生み出している。それ故、利用者以外の受益者を生み出しているか否かの検証が必要な時期に来ている。この点は、バスが多くの社会的価値を生み出しているならば（社会的価値の受益者は利用者のみではなく、利用者でない一般市民も含まれる）、バス運行に掛かる費用負担を利用者でない受益者に求めることは、公平性の観点からも必要な方式である。逆に、利用者に全費用を求める方式、つまり独立採算制の枠組みは不公平を生み出していることになる。

独立採算制の基本枠組みについての第二の問題点は、公営バスサービスは「ある種の価値財」の範疇に入るサービスになってきていることである。公営バスサービスを独立採算制で縛るということは、このサービスの需給関係を「市場経済原理」に委ねることである。しかし、もし公営バスサービスがある種の価値財として定義されるのであれば、公共部門が本来持っている倫理観に基づいて積極的に市場経済原理に介入することを要求しているのである。ある種の価値財の代表的な例は、公営住宅の建設である。所得の低い住民に対する公営住宅の提供は、住宅市場への公的介入により、低所得者層への良質の住宅を提供するシステムである。

現在の社会情勢として、多くの人は私的交通手段（マイカー等）を持っているため、公共交通機関を利用しなくても普通の生活が可能になっている。しかし、少数とはいえ、私的交通手段をもたないために公共交通機関なしでは人並みの生活を送ることができない人（交通弱者）もいることは事実である。これらの人たちの生活を保障するためには、公共が積極的に市場経済原理に介入すること以外に方法がない。特に公営バス路線の縮小は、ただちに生活の上での自由度の縮小を意味する。

公営バス事業にとって、独立採算制が基本であれば、原則として、市場経済原理に委ねることであり、交通弱者は自分で移動手段を確保し、自衛するべきだ、との結論になる。しかし、公営バスは、ある種の価値財として認識されるのであれば、公共（市役所）が倫理観から積極的に市場に介入し、交通弱者の生活上の移動の自由を確保する施策展開につながり、その費用の一部分を公共が負担するという、倫理観が優位な都市づくりになる（一九～二〇ページ）。

このように、報告書は、いくつかの重要な視点を提示している。一つは価値財として公営バスを捉えようという視点、そしてもう一つは、社会的効果を考えれば、独立採算制の原理にこだわるべきではないという主張である。ともに筆者は同意するものであるので、ここであえて抜粋を掲載させていただいた。

6　将来の方向性

以上、高齢化社会について、いくつかの視点から論じてきた。結論を繰り返せばつぎのようになる。すなわち、高齢化社会の到来は、サービス産業化という経済の流れを考えれば悲観的なものではなく、むしろ肯定的なものとして捉え直すべきものであるということである。ただし、その可能性を活かすためには、特に地方における交通の再整備など、競争促進政策のなかで見過ごされがちな部分について、改めてその重要性を認識していかなければならない、ということである。

そこで情報化が交通分野において応用され、進んでいくならば、高齢者の移動可能性もさらに拡大されていくだろう。こうしたＩＴＳの可能性については、次章でより詳しく論じている。

（1）もちろん根本的な疑問として、もしこの自主運用が失敗したらどうなるのかという問題が出てくる。もし失敗した場合に国が支えるということになれば、運用の自己責任を問うという原則に反することになる。しかし、こうした人びとを救わなければ、社会扶助のあり方が問われることになるであろう。こうして見ると、私見としては、まず最低限の生活保障は何なのかということをもっと厳密にとらえ、新しい社会保障制度の構築に向かうべきであると考える。体制の変革の緊急性はわかるが、といって中途半端な改革はより大きな社会的歪みを生ずることになるだろう。

（2）もちろんここでは公共投資の意味の問い直しが重要であり、この問題は別の角度からの厳密な検証が必要となってくるが、ここではとりあえず、公共事業のハードからの脱却と、そのソフト面への注入の重要性を説くにとどめておく。

（3）都会では、なかなか求めることのできない地域内の相互扶助の埋め合わせとして、都内の地域のなかにはボランティアを募って必要な家庭に子どもの面倒を見るサービスを有料で提供しているところがあるということも番組のなかで同時に紹介されていた。しかし、ボランティアだからといって見ず知らずの人に自分の子どもを託すということにはやはり相当な不安がともなうであろう。その成否を是非見守りたい。

（4）重森暁『地方分権』丸善ライブラリー二〇一　一九九六年。ここでいう柔らかいコントロールとは、憲法を始めとして、形式的には地方分権が保障されているものの、現実には、ここで言及している地方交付税交付金や地方債発行時の認可方式など、中央政府による地方政府の統制が行われていることを意味している。

（5）この「プロデュース能力」という点を中心に地域振興のための観光政策を論じたものとして、拙著『旅行産業の文化経済学』芙蓉書房　二〇〇〇年も参照されたい。

（6）地方の良さを体験させる機会を若い頃から地道に提供していくことも、これからの地域振興政策の重視すべき点であろう。この点、筆者は若い頃の印象的な経験がその後の考え方を支配し、その地域に尽くそうとする意欲につながることがあるということを教えられ、海外青年協力隊の国内版である国内青年協力隊の創設を唱えたことがある。詳しくは『国会月報』二〇〇〇年三月号を参照のこと。

（7）『日本経済新聞』二〇〇一年一二月一六日付。

（8）たとえば、静鉄タクシーでは、車椅子の乗降リフトを備えた軽自動車を使い始めた。

（9）これについては、現在広島市、岡山市などで実験中である。

（10）『日本経済新聞』二〇〇〇年八月二九日付。

（11）『朝日新聞』二〇〇一年六月九日付。

第3章　環境問題と交通

本章では、昨今大いに関心の高まっている環境問題についてとりあげる。まず国際関係という視点から、環境問題そのものの性格について分析を行う。そこでは、環境問題に対する一般的誤解について明らかにしてみたい。続いて環境問題と交通との関係を検証すべく、情報化の進展を組み込んだ取り組みであるＩＴＳについて考えてみたい。

1　環境問題の本質

二〇〇一年九月の米国同時多発テロ事件は、さまざまな波紋を国際社会に引き起こした。経済に関して見るならば、まず、世界同時不況への流れを急激に加速させたことがあげられる。湾岸戦争時には、一時的に国際経済に悪影響をもたらしたが、その後、アメリカ経済がＩＴ産業の好調さを中心とした長期好況を実現することによって、深刻な事態とはならなかった。しかし、今回は、ちょうどアメリカ経済の陰りが顕在化しはじめた矢先のテロ事件であったため、経済の回復は相当長期化するのではないかと懸念されている。

これは日本経済にとっても非常に大きな痛手である。日本は小泉政権による構造改革路線に着手したばかりで、短期的経済成長の犠牲はやむなしという姿勢をとっている。しかし、長期的な展望を具体的に見出せないまま、かけ声だけが先行し、いわば「政策バブル」といった観を呈している。この政策バブルもいよいよ国内の実体経済の落ち込みによって崩壊の危機を迎えようとしているところに、アメリカ経済の落ち込みが追い討ちをかけるような状況となったのである。(1)

こうして、日本の財政事情はますます悪化の一途をたどっている。これは、国際援助に回すべき資金的余裕も乏しくなるということを示している。現に、これまでは聖域とされてきたＯＤＡ（政府開発援助）さえ、その見直し・削減が声高に論じられるようになってきている（実際、その支出額は削減されている）。この面では、確かにこれまでの経済支援のあり方に多くの問題点があったことは否定できないことであろう。マスコミでもよく取り上げられるように、その支出の決定プロセスの不透明さや、援助したものがどこまで効率的・効果的であったかという問題、そして事後検証の不十分さ、(2)といったところである。とはいえ、ＯＤＡをはじめとする経済支援が不要だということではない。各国がバランスよく発展していくことが世界経済、ひいては国際社会の安定・発展のためには欠かすことのできない重要な要件であるからである。そこで、今後数年は日本の経済援助の総額が限定されていくことが予想されることをふまえて、どのように効果的な、特に中国を中心とする発展途上国の経済支援に結びつけていくべきかという視点で、環境問題対策への支援の面からいくつか論点を提示してみたい。

(1) 環境問題の特質

経済支援の範疇で実現可能と思われるのは環境分野である。環境問題は近年、その重要性が強く訴えられているし、これに対する一般的な認識も広がりつつある。環境問題は、後述のように従来の公害問題とは違って利害関係があまり表面化しないために[3]、クリーンなイメージが抱かれやすく、自国への影響から問題解決の危急性もあり、経済援助を行う際にも国民の合意を得られやすいものと考えられる。

また、日本は高度経済成長期において発生した公害問題（水俣病や四日市喘息など、四大公害といわれているものがその代表例）を何とか克服してきたという経緯がある。環境問題については日本がリーダーシップをとれるという自信があり、この問題において各国から批判にさらされることもなく、受け入れられるだろうという思惑もあり、日本で環境問題に対する経済援助が合意形成されやすい背景にある[4]。

しかし、環境問題はいくつかの難しい側面をもっている。たとえば、日本はこれまで、公害対策である程度の成功をおさめたことは確かである。しかし、公害問題と現在われわれが直面している環境問題はそもそも性格を異にするということを改めて認識しておかなければならない。

まず、地域的限定性がある。公害問題という場合、被害地域がある程度限定される。そのため対策の立て方も明確にしやすい。たいていは同一国内での問題なので、地方行政府同士で争うという可能性は残るとしても、国家主権が絡んでくることはない。また問題解決の難しさは、国家間にまたがる問題と比較してはるかに軽減される。これに対して現在の環境（地球環境）問題は国際間にまたがる問題である。そのため、お互いの国家主権をどう調整していくのかという非常に難しい側面を帯びることになる。

第二に、被害者・加害者の関係がある。公害問題の場合、被害者は地域住民で、加害者は企業である、という非常に明快な関係があった。そのため、問題解決のための運動を組織化しやすかったという面があった。これに対して、現在の環境問題は被害者と加害者との区別がつきにくい。つまり、ごみ問題や大気汚染の問題を具体的に考えてみれば明らかなように、われわれ自身がごみを出したり、自動車を利用することによって排気ガスを放出しているのである。このため、その対策は自らの生活スタイル自体の見直しということが最も重要な鍵となってくるのだが、環境負荷を軽減するためには何らかの不便さを皆が共有していかなければならない。しかし、後にも出てくるように、いったん便利な生活に慣れてしまうと、その利便性を我慢しろというのは非常に難しいことである。そのためには意識づけ、動機づけが必要となる。

こうした困難さを考えれば、少なくとも、国家間の主権調整の難しさという観点にたち、特に外交能力の劣る日本は、安易な態度で環境問題を論じることは非常に危険なことである。

(2) 環境問題における「持続的発展論」

環境政策を論じる上で必ず出てくる概念として「持続的発展」がある。これは、経済成長と環境保護を両立させようという概念であり、つぎのような方程式から説明される。

環境負荷＝人口×(経済成長/人口)×(環境負荷/経済成長)

ここで、右辺第一項である人口は、今後も総体的に増大するので環境負荷に対してはマイナス要因としかなりえない。過去の歴史においても、人口が過剰に増大することにより自然を乱獲し、環境破壊をもたらしたという事例が多く見出せれた。

これに対し第二項は一人当たりの経済成長率を表わす。これは、この方程式をめぐる一般的解釈では、環境負荷を直接増加させるものとして、否定的に捉えられる。しかし、環境問題への取組みを「持続的」という言葉どおり長期的なものとして実践するためには、ひとりひとりの意識改革にまで踏み込んだものとならざるをえない。(5)

そのためには、環境意識の醸成が重要となる。(6) 環境教育の地道な実践ということは非常に重要なことだが、それよりも効率的だと思われるのは、生活の安定を広範に達成することである。これは政治経済政策の基本であるとともに、環境政策としても、何よりもそれを大前提に置かなければならない。なぜなら、生活の安定があってこそ、初めて環境問題にも目を向けることができるからだ。先進国が国際的環境問題の解決が喫緊の問題だとしていかに強く訴えようと、生活にゆとりがない層を多く抱える国にとって、その取り組みが二の次になるのは致し方のないことであり、「環境帝国主義」という言葉が出てくるのもやむをえないことであると考える。

生活水準が向上すれば、自ずと欲求の段階も変わり、まず身の回りの環境から美しくしていきたいと思うようになるだろう。その美意識の対象となる範囲が広がっていくところに問題解決の一つの糸口がある。公共心をいくら煽っても、そこに具体的な環境が見えなければ本格的な実践には結びつかない。この点が今日の環境対策の難しいところである[7]。したがって、一人当たり経済成長率の上昇は、環境負荷の増加に一義的に結びつけるのではなく、その意味についてより深い検討が必要となる。

第三項は生産のあり方についての問題となる。できるだけ環境負荷の小さいエネルギー、あるいは技術を使う（いわゆるソフト・エネルギー、ソフトな技術）ということである。これが一般的には持続的発展を可能にするための鍵とされているところである[8]。その重要性はもちろん否定するものではないが、このことと同様に、第二項の重要性が、国際的環境対策のなかで、そして経済援助のさらなる展開で取り上げられていくべきではないだろうか。

(3)　技術というものの性格

前述ともかかわる問題として、ここでは環境対策のための技術的問題について取り上げてみたい。

とりわけ緊急性が要求される環境対策に対しては、先進国で開発された最先端の技術、それを駆使した対策機器を導入することが必要となってくるだろう。しかし、どのような場合においても最先端の技術を導入すればよいといったものではなかろう。

これまでは、技術というのはきわめて普遍的なものであって、世界中どこにいっても同様に通用するものだと考えられがちだった。そのため、日本の最先端の技術をできるだけ多く相手国に導入すれば、各種の問題はすぐに解決されるという考えがあったのではないだろうか。確かにこれは、日本の環境産業の繁栄とも結びつくので、一種の産業政策をとおした経済政策としても有効であるとの日本側の解釈がある。しかし、その環境対策そのものの実効性を追求するうえで、改めて考慮しなければならないことがある。

それは、技術には歴史性、地域性といった性格があるということである。その地域の発展状況や気候などに適合できなければ、技術は持ち腐れになってしまう可能性が非常に高くなる。日本の技術は温帯気候に適した技術といわれている。また、メンテナンスの面においても特別の配慮を要する場合が多い。これまでの経済援助では、高価な技術を導入したものの、その後のメンテナンスが全く行われず、宝の持ち腐れになったというケースがきわめて多いということはよく報じられるところである。

こうした技術上の性格をよく理解したうえで、環境問題に対しても、その対策を講ずる地域の特異性を十分に事前に調査・研究し、それに見合った援助を行っていかなければならない。

(4)　環境政策と雇用政策との結合

ここで、特に考えなければならないのは、その援助対象国の経済政策との融合性である。環境対策が雇用対策と統合できるものであれば、環境問題を解決しながら生活水準の向上を図り、先に論じたように環境意識の向上に結びつけることができ、長期的な環境対策となる。これこそが、持続的発展のあり方となるだろう。

特に都市問題などで雇用創出を抱えるようなところでは、労働集約型の環境対策を多く導入し、そこに日本からの援助金をつぎ込んでいくようなスキームを提案していくべきであろう。たとえば、中国の場合には伝統的なリサイクルの習慣があった。それを現代的な形で再生させることで、都市部の環境で最も深刻な問題の一つとされる廃棄物処理を、経済対策とも連動させながら解決していくことができるだろう。

こうした考え方が、その他の環境問題でも取りこまれていくべきである。

これまでは、総合的な視点で、経済的連携関係に取り組むべき体制が整っていなかったように思われる。特に環境問題においては民間レベルでの取組みが先行しており、公的にどのような総合的視野で環境問題について取り組んでいくかという視点が脆弱だったのではないだろうか。

こうした観点から環境問題にかぎらず、雇用創出型の産業育成という視点をもって経済的支援を行っていくことが、今後いっそう求められるのではないかと思われる。

先進国経済を中心にみれば、産業構造の高度化にともない、経済のなかで第三次産業の占める割合が大きくなってきている。このなかでも特に医療、福祉といった分野は、今後の高齢化の進展と、財政需要の増大のなかで、いかにして効率的かつ十全なシステムを構築するかが鍵となり、その育成が望まれる分野である。環境、医療、福祉といった日本と中国が共通して抱える問題に取り組み、経験の蓄積をはかりながら両国が経済政策と連動させ、協力関係のなかで発展させていくことが望まれる。

2　高度道路交通システム（ＩＴＳ）

情報技術の発達は、交通と環境との関係性を持続可能なものとする新たな可能性を切り拓くものとなった。現在、そのなかで最も注目されているものの一つがＩＴＳ（Intelligent Transport Systems：高度道路交通システム）である。ここでは、ＩＴＳの現状と課題を探りながら情報化と交通政策のかかわりについて考えてみることにしよう。

運輸政策審議会答申第二〇号である「二一世紀初頭における総合的な交通政策の基本的方向について—経済社会の変革を促すモビリティの革新—」のなかでは、経済社会の変化を受けて転換を迫られる交通システムとして、その一項目にＩＴ革命をあげている。ＩＴ革命は需給の両面から大きく影響をもたらすとし、需要面ではテレワーク、ｅコマース等による交通の代替・削減、時間的・空間的平準化、新たな旅行需要の喚起などをあげ、一方、供給面では公共交通の利便性の向上や物流の効率化等への道を開き、交通システムを高度化することなどがあげられている。

また、ＩＴの活用による交通システムの高度化という項目では、ＩＴを機軸とした交通システムに積極的に取り組み、モビリティ（機動性）を革新するとし、以下のような提言を行っている。

ＩＴの活用

〈提言〉

●電子政府の実現等　申請手続き等のオンライン化、港湾・自動車保有等関連手続きのワンストップサービス化／ＧＩＳの構築と活用
●陸のＩＴＳ　汎用電子乗車券／総合交通情報提供システム／先進安全自動車／電子ナンバープレート
●海のＩＴＳ　船舶の知能化／陸上支援の高度化／港湾・海運分野の総合的な情報ネットワーク化
●空のＩＴＳ　次世代航空保安システム　等

物流システムの高度化

〈提言〉

●物流情報プラットホームや物流関連データベースの構築
●標準化活動に対する支援
●サード・パーティー・ロジスティクス事業の業務モデルの明確化
●物流コスト算定基準の策定　等

あらかじめ述べておかなければならないことは、この問題は単に技術的な問題にとどまらないということである。そこでは法的、経済的、社会的問題など、複雑多岐にわたる分野での学際的な研究が重要となる。しかし、現時点では、こうした学際的な研究が理念的には盛んに唱えられながらも、実際には実施が困難な状況にある。その一つの理由としては、まずお互いが共有すべき共通言語の整備が非常に遅れていることである。それゆえに、専門領域を越えた専門家の間での会話が成り立ちがたいことがある。この点を具体的にどのように克服していくかが、今後のこの分野における重要な鍵となるであろう。

(1) ＩＴＳとは

ＩＴＳとは高度情報通信を活かした新しい交通システムである。一般によく知られているものとして、カーナビゲーション（以下、カーナビと記する）、自動料金収受システム（ＥＴＣ）、といったところであろう。しかし、実際にはこれ以外にも多様な交通技術が開発されてきている。

道路・交通・車両インテリジェント化推進協議会（ＶＥＲＴＩＳ）が出している「地域の明日を拓くＩＴＳ」というパンフレットのなかでは、ＩＴＳの効果について、つぎのような項目があげられている。

ITSの効果

- 公共交通の利用促進
  - ・発着時刻の予測情報
  - ・乗降場所の位置情報
  - ・公共交通車両の優先通行
  - ・デマンドバス
- 道路情報の充実
  - ・道路状況のリアルタイム情報
  - ・道路管理車両の運行情報
  - ・運行規制情報
- 救急活動の迅速化
  - ・緊急車両の運行支援
  - ・緊急時の自動通報
  - ・救急施設との連携強化
- 旅行者の利便性向上
  - ・旅行者への位置情報
  - ・公共交通の利用情報
  - ・広域交通情報
  - ・観光スポット情報
- 地域内交流の活性化
  - ・公民館やコミュニティ施設の利用促進
  - ・デマンドバス
  - ・駐車場情報
  - ・イベント情報
- 地場産業の活性化
  - ・物流の迅速化
  - ・市場の拡大
  - ・産品や商品の宣伝機会拡大
  - ・地域間交流の活発化
- 物流の効率化
  - ・物流拠点と商用車運行の連携強化
  - ・商用車の運行管理
  - ・共同配送の促進
- 災害復旧の迅速化
  - ・災害状況のリアルタイム情報
  - ・災害発生の自動通報
  - ・緊急車両の運行支援
- 交通渋滞の緩和
  - ・渋滞状況のリアルタイム情報
  - ・ETCによる料金所ノンストップ通過
  - ・車両の共同利用
- 情報格差の解消
  - ・インターネットによる情報機会の拡大
  - ・行政広報の一元化
  - ・公共施設や医療施設の情報
- 福祉の充実
  - ・医療施設や福祉施設の情報
  - ・介護バス運行管理
  - ・視覚障害者の誘導
  - ・車椅子の通行支援

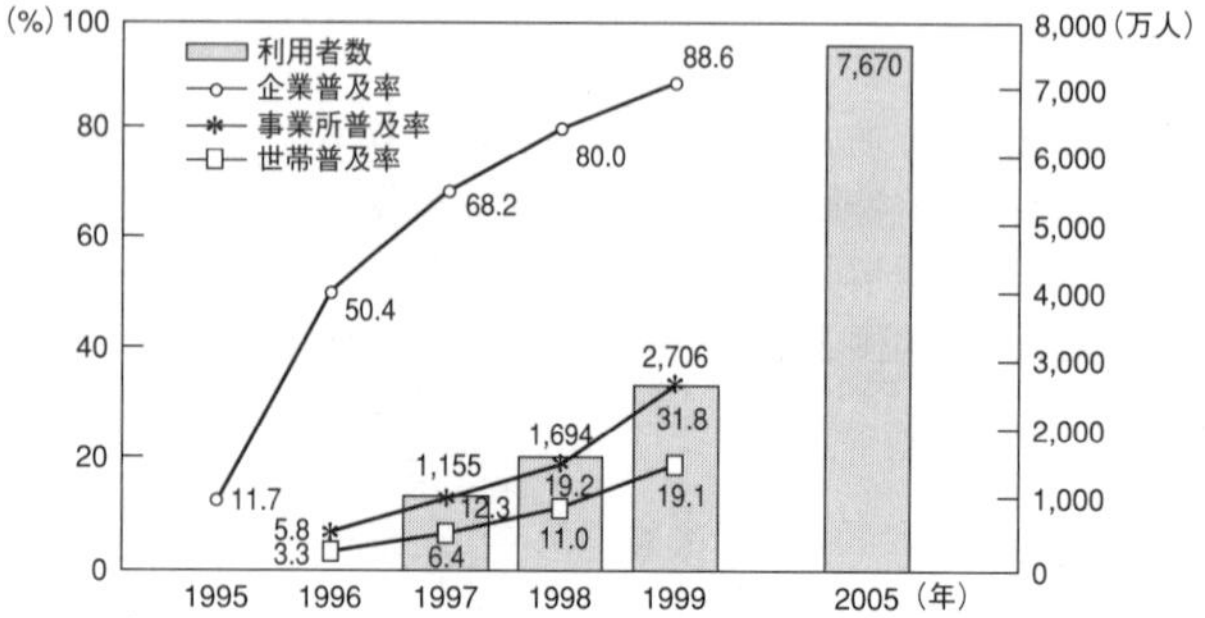

(1) 事業所は全国の(郵便業及び通信業を除く。)従業者数5人以上の事業所。
(2) 企業は全国の(農業，林業，漁業及び鉱業を除く。)従業者数300人以上の企業。

資料：「通信利用動向調査」(郵政省)，「生活の情報化調査」により作成。
『通信白書（平成12年版)』2000年より。

図3－1 高度情報化社会―2005年，インターネットは国民の半数以上に普及

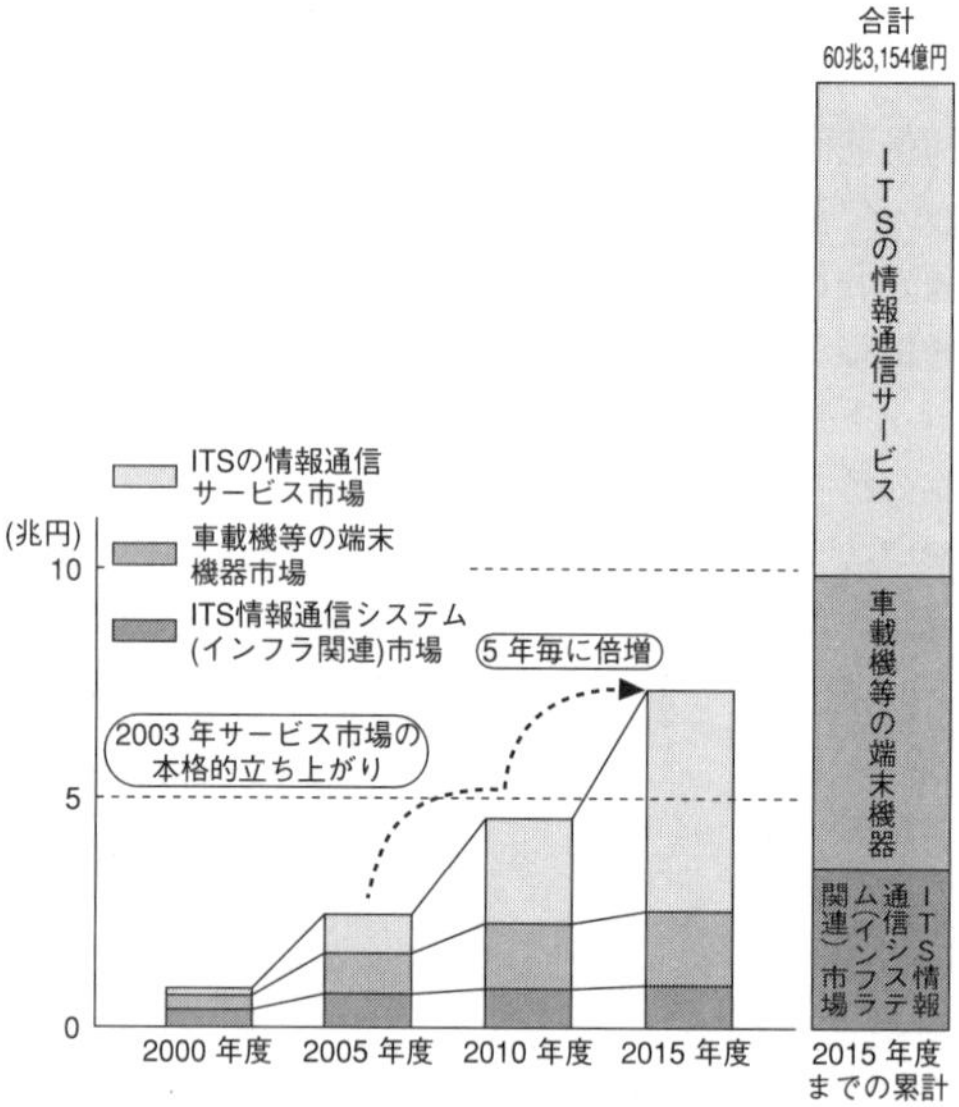

資料：電気通信技術審議会 1992年2月22日答申『ITSにおける情報通信システムの在り方』より。

図3－2 ITSの市場規模の推移

しかし、今日問題とされるべきなのは、こうした大きな潜在的可能性をもつＩＴＳによって、果たして何ができるかという考え方が未だ希薄な点である。

これはある意味では仕方のない面もあった。これまでは可能性のある技術を開発することが最優先されがちだったからである。つまり、ＩＴＳを可能とするための基盤整備が必要だったのである。しかし、その技術開発もある程度安定期を迎え、基盤技術も十分に整った感がある。そこで、こうした多様な技術をどのような形で組み合わせていけば今後の望ましい交通システムを構築できるのかを考えるべき段階に至っている。つまり、その目的性を明確にしていくことが現在望まれているのである。

このような取り組みは、最近ＩＴＳ協会が実施を開始している。ＩＴＳ協会は、コンサルティング業務として、どのように各種のＩＴＳ技術を組み合わせれば、各地域の実情にあった交通システムを構築できるかを考えはじめている。

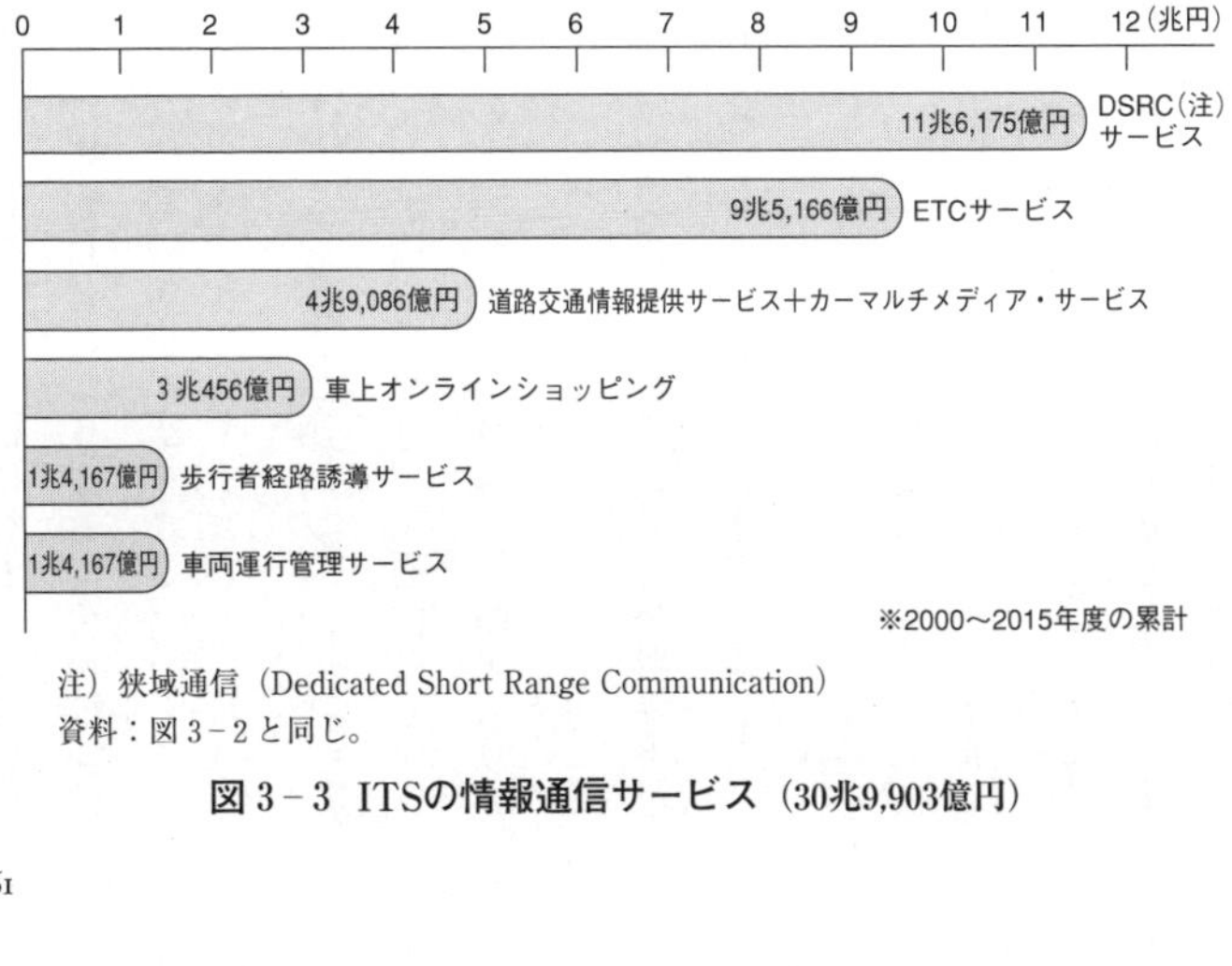
0
1
2
3
4
5
6
7
8
9
10
11
12（兆円）
11兆6,175億円
DSRC（注）サービス
9兆5,166億円
ETCサービス
4兆9,086億円
道路交通情報提供サービス＋カーマルチメディア・サービス
3兆456億円
車上オンラインショッピング
1兆4,167億円
歩行者経路誘導サービス
1兆4,167億円
車両運行管理サービス
※2000～2015年度の累計

注）狭域通信（Dedicated Short Range Communication）
資料：図3－2と同じ。

図3－3　ITSの情報通信サービス（30兆9,903億円）

しかし、これは端緒についたばかりである。こうした総合的な政策はむしろ公的に行われる必要性が高いであろう。国、あるいは地方自治体の施策として、ＩＴＳ技術からどのようなものを結びつけて、その地域にふさわしい交通システムを構築していくか、早急な体制の構築が望まれる。

(3) 交通需要マネジメント（ＴＤＭ）

ＩＴＳと切り離せない概念としてＴＤＭというものがある。これは交通需要マネジメント（transportation demand management）というものである。これまでは、交通渋滞を緩和し、交通にともなう問題を解決していくためには、供給の増加、つまり、たとえば車の渋滞対策であれば、道路をより多く建設することが重要であるということがいわれてきた。

このことは景気対策とも深くかかわってきた。つまり、日本では、現在でもケインズ的な需要喚起政策が根強く支持されており[9]、公共事業の拡大は地方政策と結びついて確固たるものとなっており、交通政策のあり方も、こうした基本的流れに拘束されてきた。

しかし、供給が増えれば果たして問題は解決するのであろうか。この点は議論が分かれるところであろうが、これに否定的な見解を打ち出したのが、このＴＤＭの考え方である。たとえば道路渋滞に関してみれば、供給が増えればそこの交通渋滞が解消するかどうかと問われれば、判断に苦しむことであろう。もちろん、それによって交通渋滞が緩和される可能性は否定できない。しかしながら、供給が増えることにより、これまで渋滞が激しいからあえて通行しなかった潜在的利用者が利用するよ

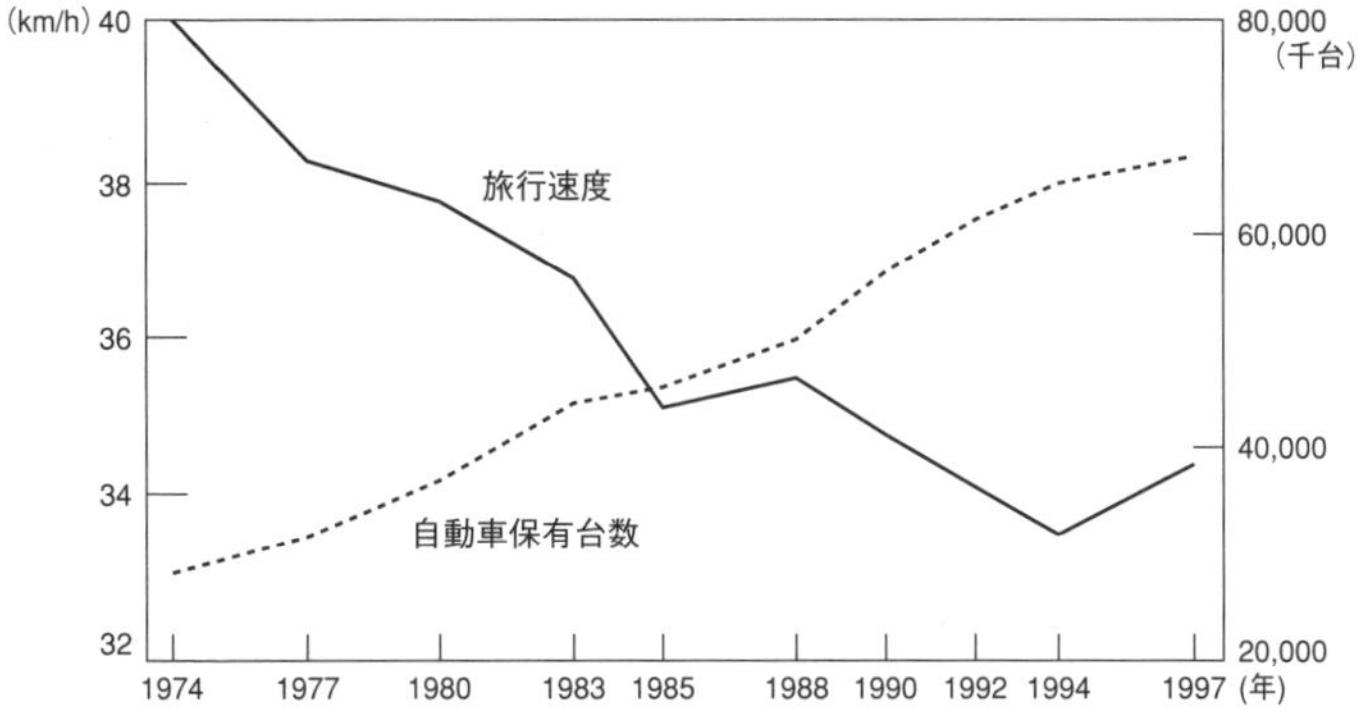

『建設白書（平成 12 年版）』2000 年より。

図 3－4　モータリゼーションの進展・激化する渋滞

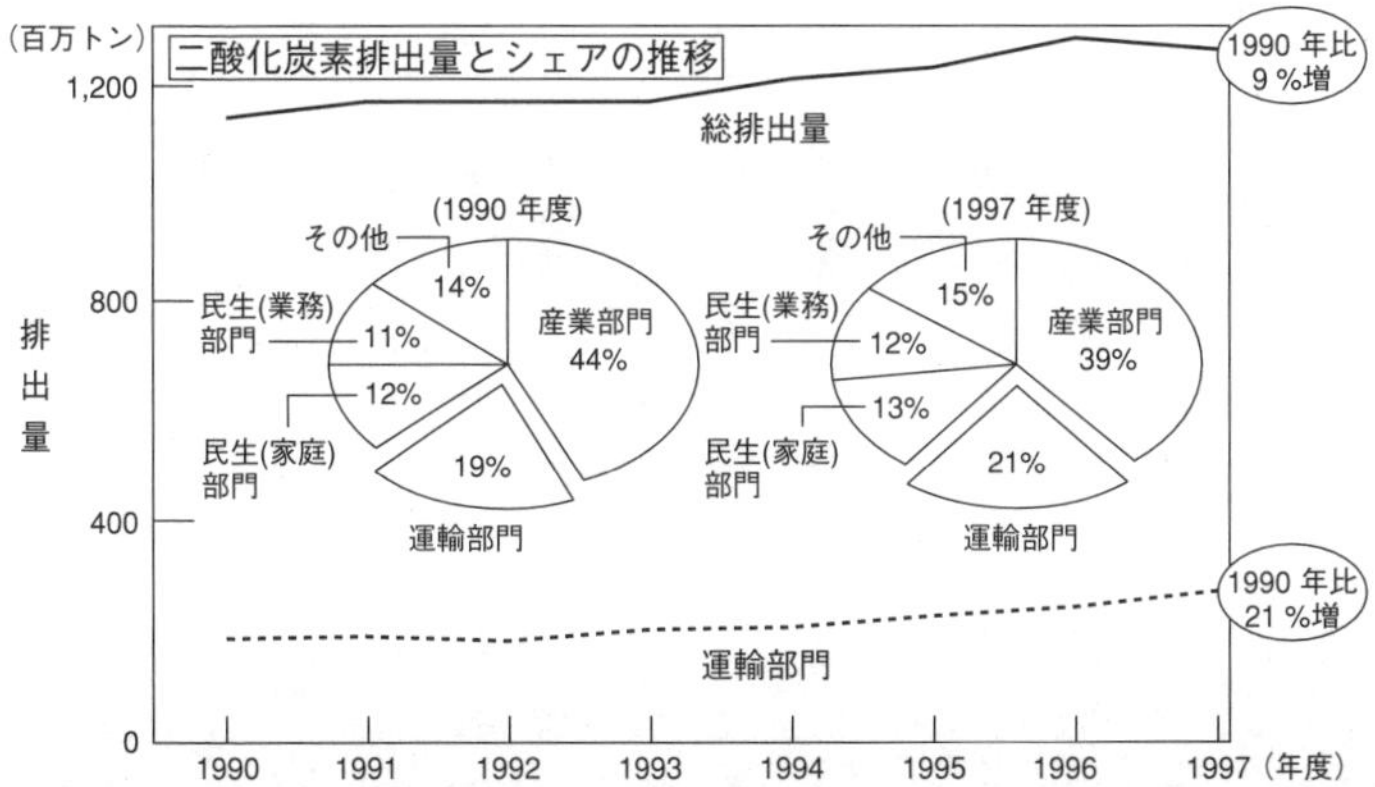

資料：環境庁データより作成。　　同上書より。

図 3－5　深刻化する自動車の排ガス問題

うになる、つまり潜在的需要が顕在化する可能性も高くなるのである。

この点、筆者は後者の見方が妥当ではないかと考える。そのため、以前、千葉で交通問題に関して講演を行った際、第二湾岸道路の建設計画に関しては疑義を呈してきた。前述したように、道路の許容量が増大すれば、それだけ新たな潜在的利用者が顕在化するだけであり、渋滞問題の根本的な解決にはつながらず、むしろ環境負荷の絶対量の増加という面と財政負荷の増大という意味で、マイナス効果のほうが大きいのではないかと考えたからである。こうしてみれば、いかにして需要量そのものを減らすかという政策をとるほうが重要ではないかという結論に帰結するのである。

そのためのインセンティブ（動機づけ）としてはさまざまなことが考えられよう。ただ、最も即効性があると思われるのは経済的インセンティブである。たとえば炭素税の導入などである。

そして、このTDMにきわめて効果的であるのがITS技術の応用なのである。そこで、つぎに具体的なETCについて考えてみることにしよう。

なお、このTDMの一つの具体的な施策としてピークロードプライシングというものがある。ピークロードプライシング（peak road pricing）とは、たとえば混雑の激しい時間帯に有料道路を利用する者は、混雑度の低い時間帯にその道路の利用者よりも高い料金を課すというものである。

これについては、渋滞という不快な思いをし、かつ重い負担を負わなければならないのかという疑問をもつ人も多く出てくることが容易に予想される。しかし、これは旅行代金のことを考えてみればわかりやすい原理であろう。すなわち、多くの人が移動する時期の航空運賃、ホテル代は高いし、オフシーズン、つまり利用する人が少ない時期の航空運賃やホテル代が安いのと同じである。道路の利用料金を需要と供給の関係で決めるものと考えれば端的な表現かもしれない(10)。

この制度は情報技術の発展とともに、一般道路でも導入が検討されようとしている。

東京都の諮問機関であるロードプライシング検討委員会は、二〇〇一年六月二七日にプライシング最終報告書をまとめた。それによると、この計画は、渋滞や排ガスの緩和を目的に、一定区域内を通行する自動車から負担金を課そうというもので、月曜日から金曜日の午前七時から午後七時まで都心部の一定地域を通行する自動車から徴収するとしている。また負担金は環境対策費などに使用するという(11)。

課金方法は、事前に負担金を納めて入域証を提示する方式や、車両ナンバーをカメラ撮影した後に徴収する方法などを軸に検討するとしている。

負担額は小型車で四〇〇円から六〇〇円、大型車で八〇〇円から一二〇〇円の範囲で検討されている。救急車など緊急車両や路線バス、自動二輪車などの五車種は課金対象から外す。そして低公害車は負担金額を割り引くとしている。

また、対象エリアは、①環状二号線と隅田川で囲まれる区域、②山手線と隅田川で囲まれる地域、③環状六号線と隅田川で囲まれる区域、④環状七号線と荒川で囲まれる区域、の四案から選ぶこととなっている。

これが実現すれば、一般道路を通行する自動車に課金するロードプライシングとして国内では初めてのケースとなる。一方海外では、一九七五年にシンガポールがスタートさせている。その他、すでに導入しているところでは、ノルウェーのオスロ市や韓国のソウル市などがある。

ただし、今回の最終報告書に盛り込まれた規制区域の広さは、シンガポールと比べて、最も違いが大きい地域で三二倍となっており、通行をチェックする対象となる道路や通行車両の数はけた違いとなる。このため、どのような課金システムを構築するかが成否の鍵となってくる。

シンガポールでは、車載装置通行ゲート間で無線通信を使用する方法で自動徴収システムを稼働させている。これと同じように、東京でも、つぎに述べるような自動料金収受システム（ＥＴＣ）に相乗りする案も出ている。しかし、この場合、ゲートの設置などに多額の費用がかかるという難点がある。

これに対して、現在の案としては、車両ナンバーをビデオ撮影して課金対象の車両を確認する方法が有力になっている。口座引き落としや納付書を送付して集金する。

しかし、このように撮影した映像を安易に使うことはプライバシーの侵害につながる。東京都環境局は、同乗者などがほかに漏れないような撮影方法を工夫する必要があるとしている。実際に、このようなかたちで試行した香港では、プライバシーを盾に市民が反対したこともあって、本格的な実施が見送られている。

この制度は、住民や運輸業界など幅広い層に負担を求める制度であるため、都の構想に反発する声が各方面から上がっている。

まず、トラック運送の業界団体である全日本トラック協会の話が出ている。それによると、課金されることは業界の死活問題だとして、業務用トラックを対象から外すよう都に求めることを決定したという。運送業者は共同配送や積載効率を高めてほしいとの都側からの要請に対しては、細分化される一方の荷主の要求に応じるには効率化も限度があるとして反発している。

つぎにタクシー業界である。この業界は、二〇〇二年二月に参入規制の緩和を迎える。そのため、競争激化が予想され、さらなる業界負担となるロードプライシングに強い危機感を持っている。

最終報告書では、規制地域内の住民が移動する際にも課金する方向であり、そうなれば、一般住民の間にも反発の声が広がることが予想される。国の道路法は一般道路の無料公開を前提としているというのが一般的な解釈であり、負担金の支払いを求められた人が、ロードプライシング制度を違法とする訴訟を起こす可能性があると指摘する検討委員もいるらしい。

都環境局は、ロードプライシングの実施で自動車が都心を迂回する結果、程度はわからないものの、近県の交通量は増えると見ている。こうなれば、国や周辺自治体との協議も今後の課題となってくる。

これに対し、東京都のロードプライシングの試みが周辺県に広がる可能性があるという肯定的な見方も提示されている。都の検討委員会の会長は、課金システムは共通化すべきだとしている。そうなると、周辺自治体との木目細かい調整を早目に進めておくことが必要となる。

これら多様な利害関係者との調整を早急に進め、都は二〇〇三年度以降の早い時期の実施を目指している。

(4) 自動料金収受システム（ETC）

ETCは車内に取り付けた、たばこの箱大の車載機と、高速道路料金所のアンテナとの無線通信で自動的に料金支払いを行うものである。二〇〇一年一一月三〇日から全国で施行されており二〇〇二年度末までに、全国の料金所の七割に当たる九〇〇ヵ所に整備する予定であるという。これは、高速道路の渋滞の原因の三割が料金所付近で起きているという事実があり、その渋滞解消に向けた取り組みである。[12]

国土交通省は、ETCの利点としてつぎのようなことをあげてい

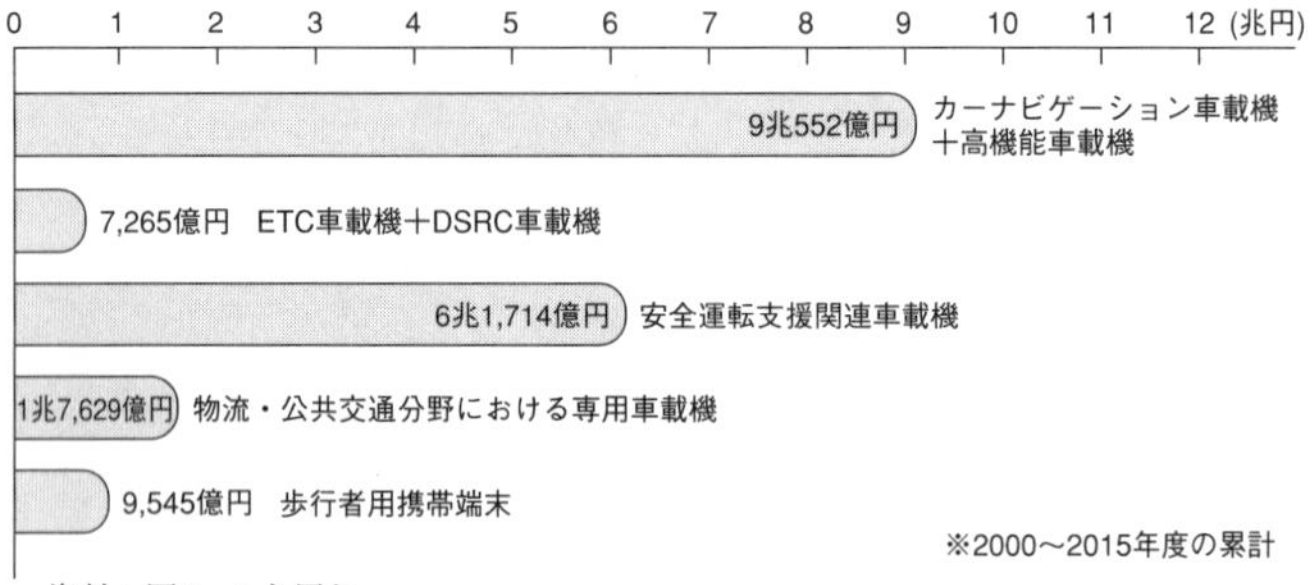

0 1 2 3 4 5 6 7 8 9 10 11 12 (兆円)
9兆552億円
カーナビゲーション車載機
＋高機能車載機
7,265億円 ETC車載機＋DSRC車載機
6兆1,714億円
安全運転支援関連車載機
1兆7,629億円
物流・公共交通分野における専用車載機
9,545億円 歩行者用携帯端末
※2000〜2015年度の累計

資料：図3－2と同じ。

図3－6 車載機等の端末機器市場（18兆6,705億円）

る。

① 料金所付近の発進時における騒音や二酸化炭素、窒素酸化物が減ることによる環境への改善

② 料金所で止まらず通過できる利便性

③ 雨の日や左ハンドルの車であっても、止まって窓を開ける必要性がないことの便利さ

しかし、このような利点があるとしても、実際の普及には、初期投資が大きいという問題がある。現時点でETC利用が進んでいないのは、ETCを利用するための装置の取付け費用が高額であるという事情がある（車載機は購入費が三万円から四万円かかるうえ、取付けに三〇〇〇円から五〇〇〇円かかる）[13]。

国や日本道路公団は、高速道路の利用頻度が高い車ほどメリットを感じやすいと想定し、一般のドライバーよりも、トラックなどの商業部門からETCに切り替わっていくと考えていた[14]。

しかし、全日本トラック協会の専務理事は、「運送トラックに車載機を取り付けた、という話は今のところ聞かない」「国などから『ETCをぜひ使ってほしい』という要望もない」という。そして、その見送りの理由として、車載機を付けるのに四万から五万円かかることをあげ、その初期投資を償還するだけの料金割引制度がないかぎり、導入するメリットはないとしている[15]。

欧米では、ETCは一九九〇年前後に相次いで実用化され、順調に成果を上げてきている。特定区間での通行料金の徴収方法として導入され、車載機は簡易なもので利用者には無償で配布されたケー

スもある。
これに対して日本の場合は、東名、名神などの日本道路公団の高速道路と、各地にある料金体系が異なる有料道路との間で共通したETCを利用しようとするため、高性能の車載機が必要となり、それが高額となってしまったのである。
こうした事態をふまえ、早急にETC利用を推進するためには、初期段階で公的財源を投入し、利用を拡大させていく必要があるだろう。[16]
また、ETCの能力は料金徴収だけではなく、より潜在的な力があることを強調すべきであるという指摘もある。[17]

(5) 車両の共同利用

車の共同利用の取り組みも、最近の新たな試みの一つとして注目されるものである。

日本財団の助成を受け、カーシェアリング事業の調査研究を行っている交通エコモ財団の定義によると、カーシェアリングとは、「複数の個人による自動車の共同所有と利用が発展したもので、当初は小規模な仲間同士で自然発生的に行われていたものが、組織的に運営されるようになったもの」とある。そして、スイスやドイツではすでに相当の数（数万人規模）の人びとがこの制度を利用しており、事業として軌道に乗っているとしている。

ちなみに、交通エコモ財団が二〇〇一年度に行ったカーシェアリングの社会実験は、つぎの二つで

①　平成12年度から検討してきた実験案
実験場所：東京都北区の民間分譲マンション
実験規模：車両数4台，利用者数50人程度
実験期間：平成13年9月24日から12月15日まで
協力企業：オリックス・レンタカー株式会社，株式会社コスモスライフ
ダイハツ工業株式会社，日本信号株式会社
日本政策投資銀行，パーク24株式会社
松下通信工業株式会社，株式会社アトリエD.I.都市設計研究所
②　公募で選ばれた実験案
実験場所：東京都三鷹市の都市基盤整備公団住宅
実験規模：車両数2台，利用者数15人程度
実験期間：10月から3ヵ月程度を予定

ある。

これに対し、日本で唯一カーシェアリング・システムを事業化している企業にシーズ社がある。この会社の事業内容をインターネットのホームページから紹介してみよう。

① 人口過密地区である関東において、路上駐車、自動車による大気汚染等の環境問題を改善する。
② 良い環境下での充実した生活（居住地区と自動車の保有）と贅沢な暮らしの提案
③ 通常では考えられない永遠の憧れ的な生活を現実のものとする夢の提供
④ 通常の場合と同様のマンション保有感覚で効率の良いコストパフォーマンス

つぎにシステムの概要としては、高級車のなかでも人気の高いポルシェ、ベンツ、BMW、フェラーリ等をオーナーの人びとに共有してもらい、低価格で提供できるシステムを実現するとしている。負担額によって年間の利用日数

を決める。また、負担額には車の購入代金のみならず、保管（駐車場代）や、税金、任意保険、定期点検等にかかる一切の費用も含まれている。契約期間は二年間で、その後の車の売却益は負担比率に応じてオーナーに還元されることになる。

レンタカーとの優位性としてあげられているのは以下のような点である。

① 一日当たりの負担で考えると約三分の一から四分の一である。保険の補償も安心できるし、利用の時間も二四時間計算だからフルに活用できる。また、ナンバーが「わ」ナンバーではない。メンテナンスも定期的に行われているため、外国車ゆえの故障の心配もない。

② 使用予定車が豊富である。

また、マンションとのタイアップ利点としては、

① 現在、カーシェアリング・システムは、目黒区での自動車の受け渡しを原則としている。自分の車を保有している人にとっては問題ないが、保有していない人にとっては、移動は若干面倒である。この問題が、自分の居住しているマンション内に管理スペースがあれば解消される。

② 都市近郊で勤務している人びとにとって、移動（通勤）に要する時間は短縮できればありがたいものである。こうした環境下、勤務への移動が便利な都内近郊で、さらにコスト的にも優れた居住での車の所有といった二つのメリットを望むことが現実のものとなる。

③ 駐車場も世帯分設ける必要がないため、コストパフォーマンスのよい構造での建設が可能である。

④ 路上駐車、自動車数削減等の社会問題の解消に一役買うことにより、将来的にさまざまな形でのバックアップを受け入れる可能性を秘めている。

そして世帯主へのメリットとしては、

① ニーズに応じ、多様な車種に乗ることを現実のものとする。

② 扱いの難しいメンテナンスも不要である。

③ 通常のマンションのエレベーターや共同施設利用の場合と同じ感覚の管理費で運営していくため、実際に車を購入し維持していく場合と比べ、コストパフォーマンスがよい（平成一二年一月現在で九万八七五〇円を目安としている）。

④ オーナーがシステムを購入して、管理会社に委託するため、「わ」ナンバーではなく、人目を気にする必要はない。

⑤ 各部屋もしくは共同場所にコンピュータを導入し、利用状況を管理するため、効率のよい使用環境を提供できる。

同社は今後の方向性として、外国車から国産車や商用車、自転車等、共有システムの幅を広げていくことによって、社会的に大いに貢献できるとしている。

これと同じ系列に属するものとしてパーク・アンド・ライドがある。パーク・アンド・ライド（park and ride）というのは、都市郊外に住む人が都心に通勤などで移動する際に、自宅から郊外の駅まで車で乗り付け、そこから電車やバスなどの公共交通機関に乗り換えて都心に向かうというものである。これは、さまざまな自治体で導入が図られているが、成果が上がっていない。それは、この政策の実効性を高めようとするならば、都心部に直接マイカーが乗り入れできないようにする、ある

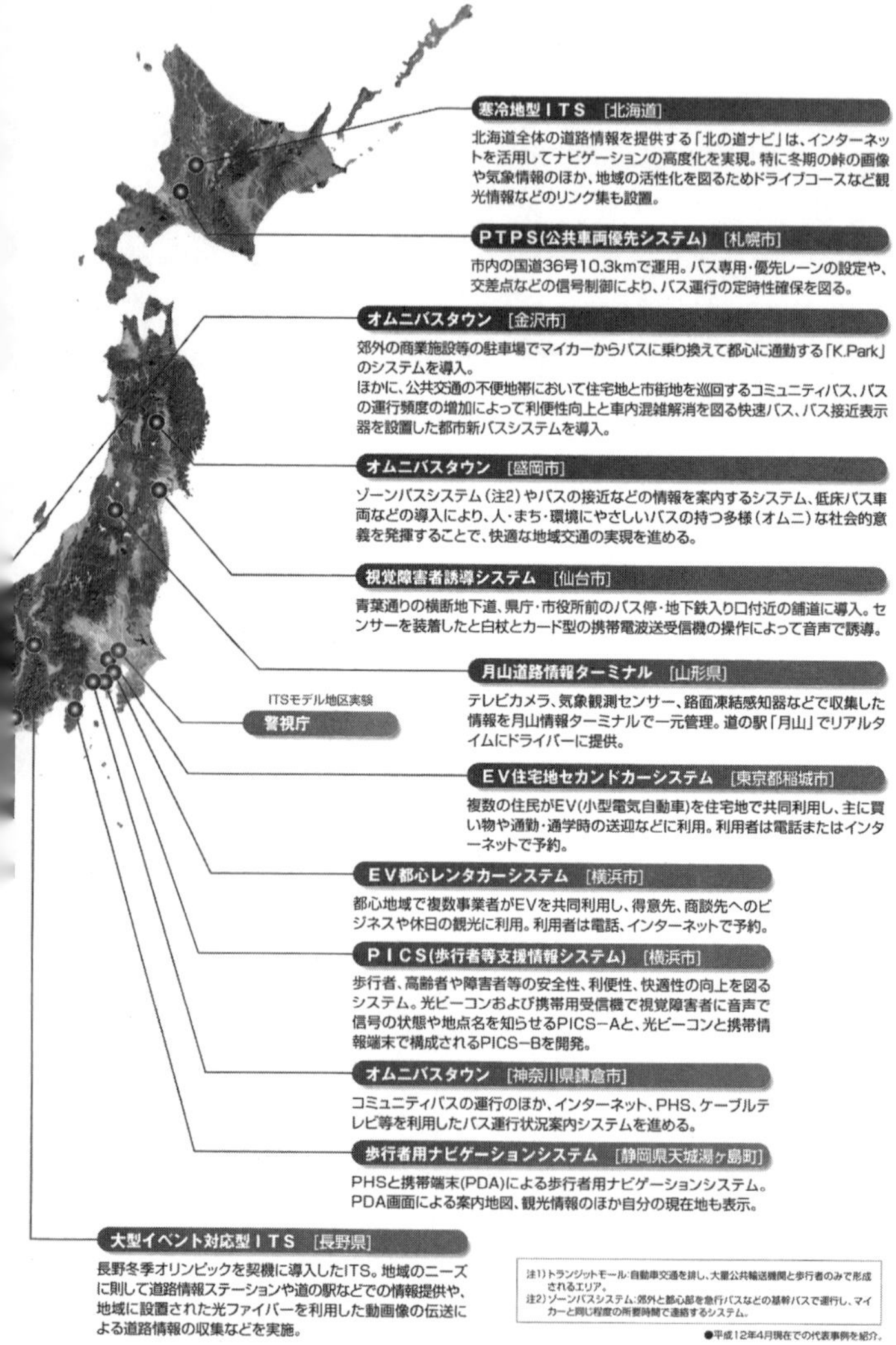
寒冷地型ＩＴＳ ［北海道］
北海道全体の道路情報を提供する「北の道ナビ」は、インターネットを活用してナビゲーションの高度化を実現。特に冬期の峠の画像や気象情報のほか、地域の活性化を図るためドライブコースなど観光情報などのリンク集も設置。
ＰＴＰＳ(公共車両優先システム) ［札幌市］
市内の国道36号10.3kmで運用。バス専用・優先レーンの設定や、交差点などの信号制御により、バス運行の定時性確保を図る。
オムニバスタウン ［金沢市］
郊外の商業施設等の駐車場でマイカーからバスに乗り換えて都心に通勤する「K.Park」のシステムを導入。
ほかに、公共交通の不便地帯において住宅地と市街地を巡回するコミュニティバス、バスの運行頻度の増加によって利便性向上と車内混雑解消を図る快速バス、バス接近表示器を設置した都市新バスシステムを導入。
オムニバスタウン ［盛岡市］
ゾーンバスシステム（注2）やバスの接近などの情報を案内するシステム、低床バス車両などの導入により、人・まち・環境にやさしいバスの持つ多様（オムニ）な社会的意義を発揮することで、快適な地域交通の実現を進める。
視覚障害者誘導システム ［仙台市］
青葉通りの横断地下道、県庁・市役所前のバス停・地下鉄入り口付近の舗道に導入。センサーを装着したと白杖とカード型の携帯電波送受信機の操作によって音声で誘導。
ITSモデル地区実験
警視庁
月山道路情報ターミナル ［山形県］
テレビカメラ、気象観測センサー、路面凍結感知器などで収集した情報を月山情報ターミナルで一元管理。道の駅「月山」でリアルタイムにドライバーに提供。
ＥＶ住宅地セカンドカーシステム ［東京都稲城市］
複数の住民がEV(小型電気自動車)を住宅地で共同利用し、主に買い物や通勤・通学時の送迎などに利用。利用者は電話またはインターネットで予約。
ＥＶ都心レンタカーシステム ［横浜市］
都心地域で複数事業者がEVを共同利用し、得意先、商談先へのビジネスや休日の観光に利用。利用者は電話、インターネットで予約。
ＰＩＣＳ(歩行者等支援情報システム) ［横浜市］
歩行者、高齢者や障害者等の安全性、利便性、快適性の向上を図るシステム。光ビーコンおよび携帯用受信機で視覚障害者に音声で信号の状態や地点名を知らせるPICS−Aと、光ビーコンと携帯情報端末で構成されるPICS−Bを開発。
オムニバスタウン ［神奈川県鎌倉市］
コミュニティバスの運行のほか、インターネット、PHS、ケーブルテレビ等を利用したバス運行状況案内システムを進める。
歩行者用ナビゲーションシステム ［静岡県天城湯ヶ島町］
PHSと携帯端末(PDA)による歩行者用ナビゲーションシステム。PDA画面による案内地図、観光情報のほか自分の現在地も表示。
大型イベント対応型ＩＴＳ ［長野県］
長野冬季オリンピックを契機に導入したITS。地域のニーズに則して道路情報ステーションや道の駅などでの情報提供や、地域に設置された光ファイバーを利用した動画像の伝送による道路情報の収集などを実施。
注1）トランジットモール：自動車交通を排し、大量公共輸送機関と歩行者のみで形成されるエリア。
注2）ゾーンバスシステム：郊外と都心部を急行バスなどの基幹バスで運行し、マイカーと同じ程度の所要時間で連絡するシステム。
●平成12年4月現在での代表事例を紹介。

「地域の明日を拓くITS」道路・交通・車両インテリジェント化推進協議会（VERTIS）パンフレット　2000年　12〜13頁より。

地域の明日を拓くITS

南北に細長く、複雑な地形の日本は、地域によって自然状況はさまざまです。
また、過密化、過疎化にみられるように、地域の悩みも大きく異なっています。
こうした地域固有の問題を解決し住民のニーズに応えるために、
全国各地で現在、地域ＩＴＳが積極的に進められています。
それは、地域の暮らしを豊かにし、地域経済の活性化をめざす取り組みでもあります。

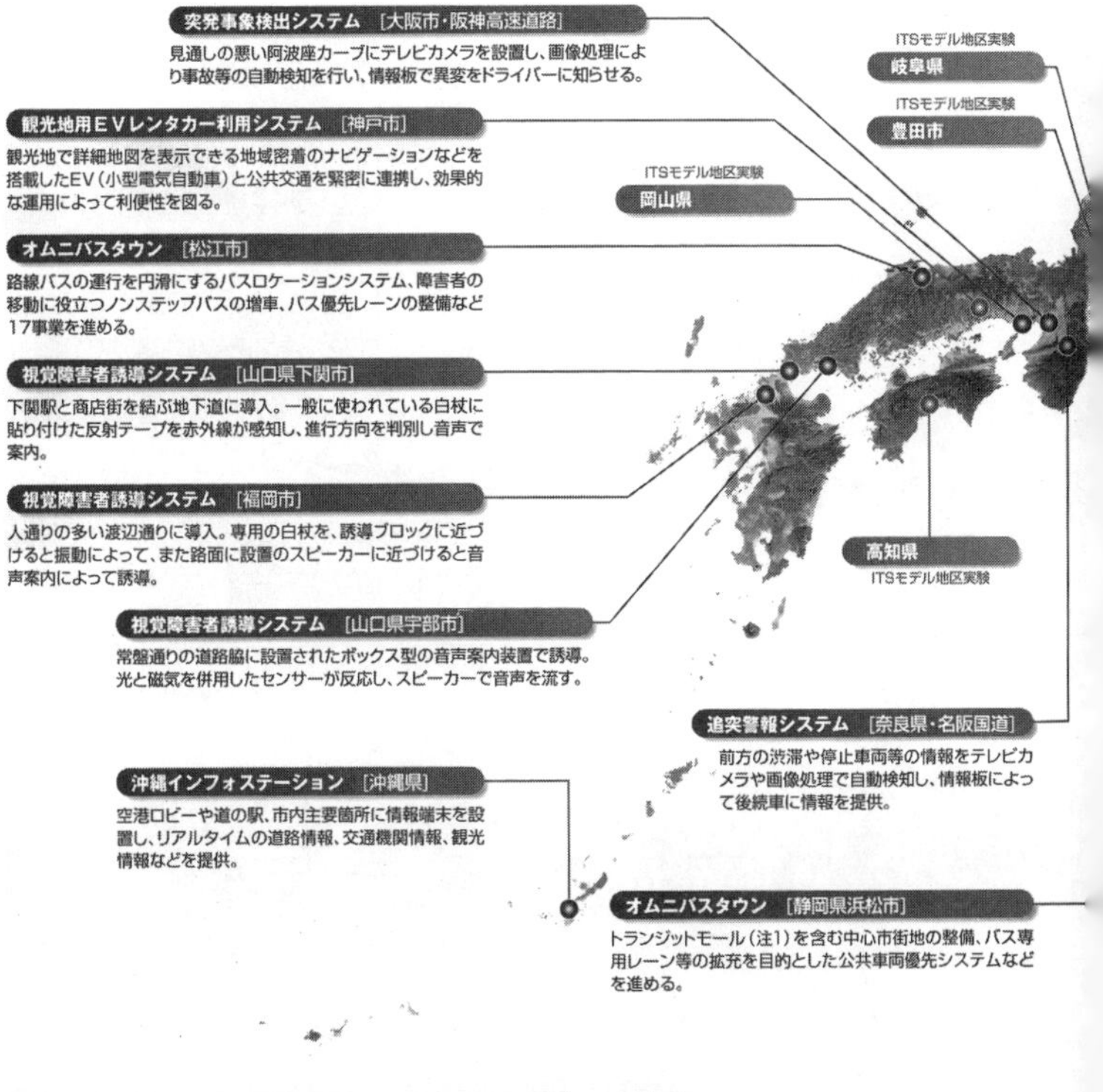

突発事象検出システム　[大阪市・阪神高速道路]
見通しの悪い阿波座カーブにテレビカメラを設置し、画像処理により事故等の自動検知を行い、情報板で異変をドライバーに知らせる。
観光地用ＥＶレンタカー利用システム　[神戸市]
観光地で詳細地図を表示できる地域密着のナビゲーションなどを搭載したEV（小型電気自動車）と公共交通を緊密に連携し、効果的な運用によって利便性を図る。
オムニバスタウン　[松江市]
路線バスの運行を円滑にするバスロケーションシステム、障害者の移動に役立つノンステップバスの増車、バス優先レーンの整備など17事業を進める。
視覚障害者誘導システム　[山口県下関市]
下関駅と商店街を結ぶ地下道に導入。一般に使われている白杖に貼り付けた反射テープを赤外線が感知し、進行方向を判別し音声で案内。
視覚障害者誘導システム　[福岡市]
人通りの多い渡辺通りに導入。専用の白杖を、誘導ブロックに近づけると振動によって、また路面に設置のスピーカーに近づけると音声案内によって誘導。
視覚障害者誘導システム　[山口県宇部市]
常盤通りの道路脇に設置されたボックス型の音声案内装置で誘導。光と磁気を併用したセンサーが反応し、スピーカーで音声を流す。
沖縄インフォステーション　[沖縄県]
空港ロビーや道の駅、市内主要箇所に情報端末を設置し、リアルタイムの道路情報、交通機関情報、観光情報などを提供。
ITSモデル地区実験
岐阜県
ITSモデル地区実験
豊田市
ITSモデル地区実験
岡山県
高知県
ITSモデル地区実験
追突警報システム　[奈良県・名阪国道]
前方の渋滞や停止車両等の情報をテレビカメラや画像処理で自動検知し、情報板によって後続車に情報を提供。
オムニバスタウン　[静岡県浜松市]
トランジットモール（注1）を含む中心市街地の整備、バス専用レーン等の拡充を目的とした公共車両優先システムなどを進める。

ウン イメージ図

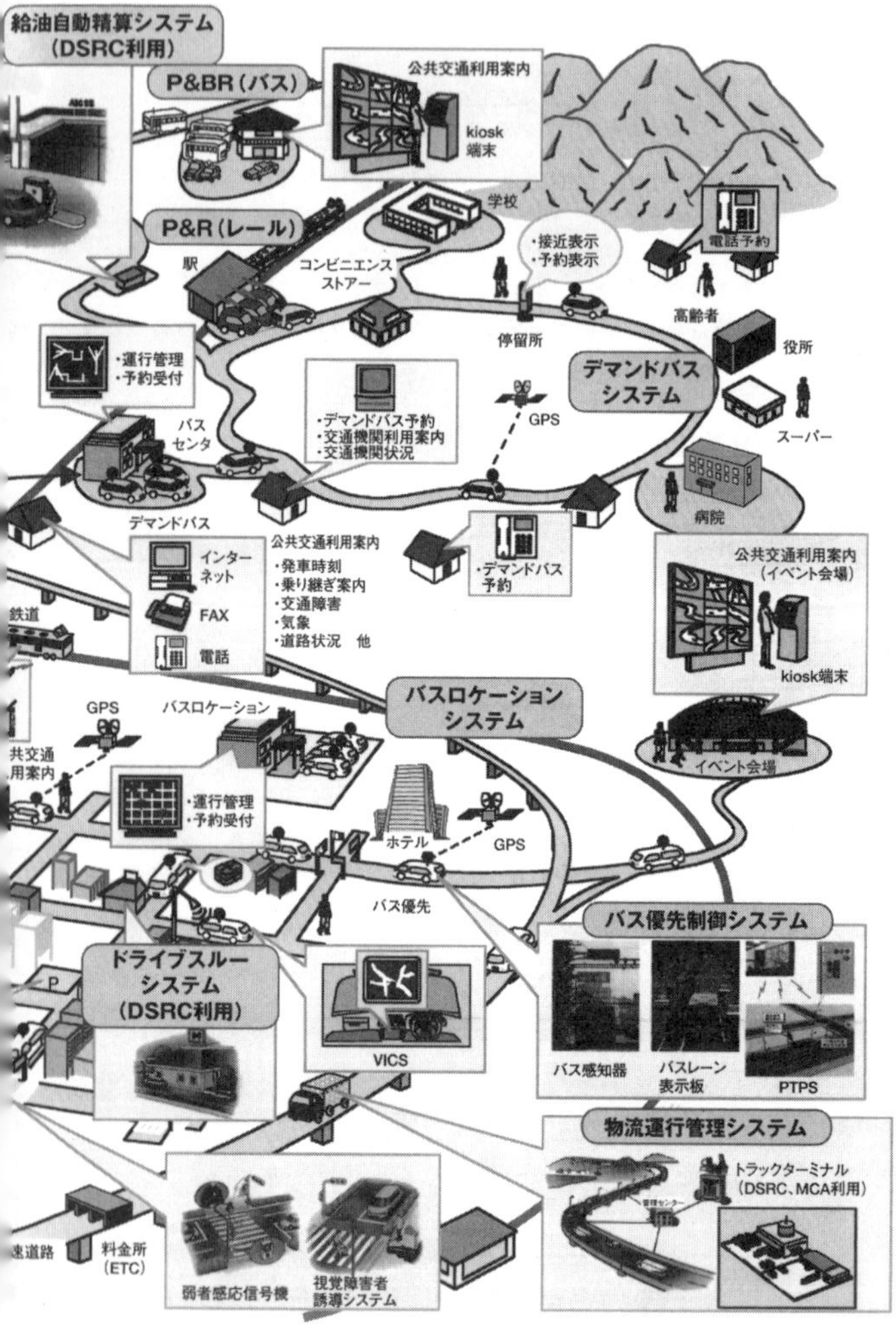

資料：ITSスマートタウン研究会報告書より

「ITS−21世紀の道路交通システム」道路・交通・車両インテリジェント化推進協議会（VERTIS） 2001年 6～7頁より。

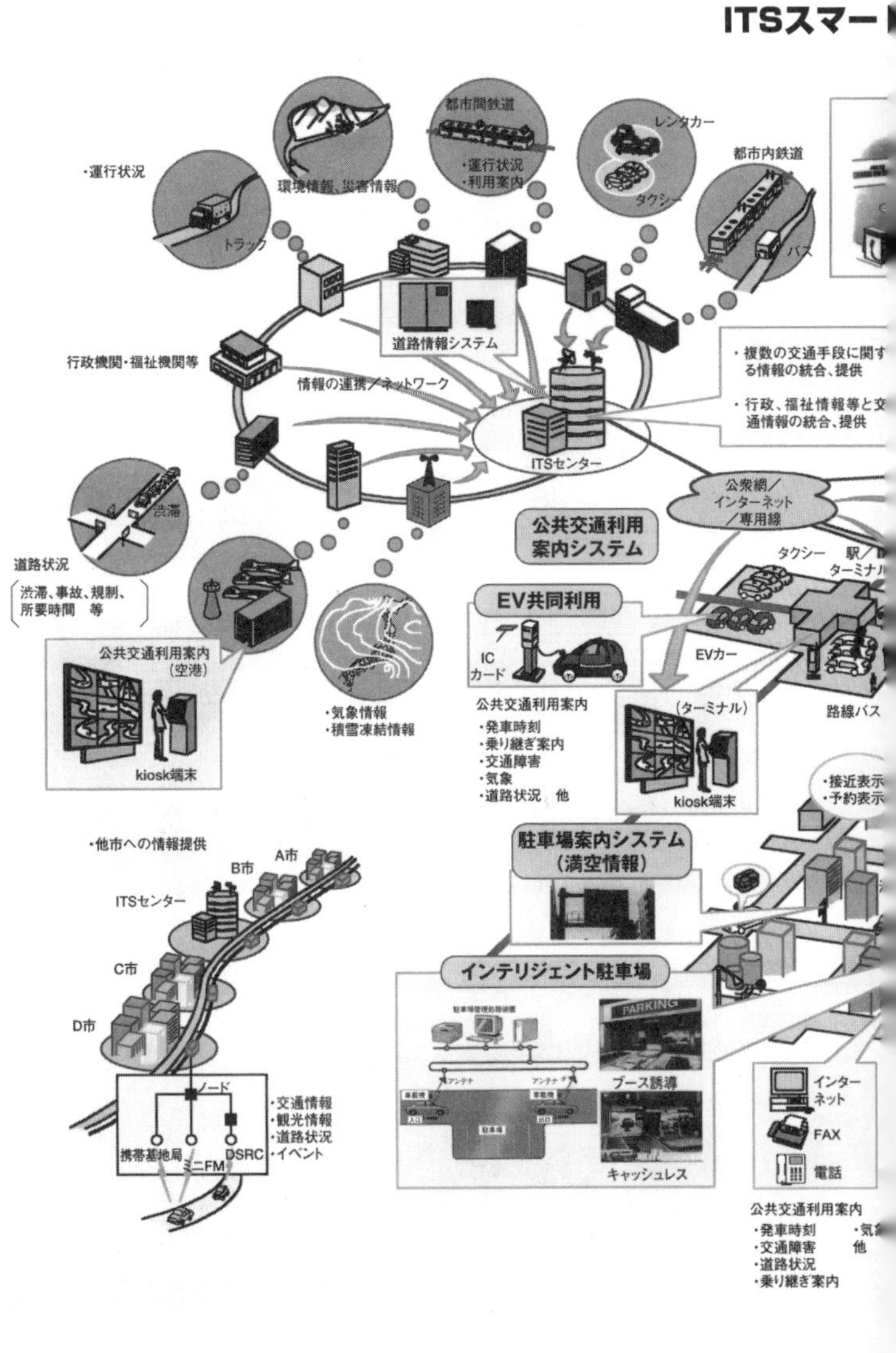
ITSスマー
・運行状況
トラック
環境情報、災害情報
都市間鉄道
・運行状況
・利用案内
レンタカー
タクシー
都市内鉄道
バス
行政機関・福祉機関等
道路情報システム
情報の連携／ネットワーク
ITSセンター
・複数の交通手段に関する情報の統合、提供
・行政、福祉情報等と交通情報の統合、提供
公衆網／インターネット／専用線
渋滞
道路状況
渋滞、事故、規制、所要時間　等
公共交通利用案内
（空港）
kiosk端末
・気象情報
・積雪凍結情報
公共交通利用案内システム
EV共同利用
IC
カード
EVカー
タクシー
駅／
ターミナル
路線バス
公共交通利用案内
・発車時刻
・乗り継ぎ案内
・交通障害
・気象
・道路状況　他
（ターミナル）
kiosk端末
・接近表示
・予約表示
・他市への情報提供
A市
B市
ITSセンター
C市
D市
駐車場案内システム
（満空情報）
インテリジェント駐車場
PARKING
ブース誘導
キャッシュレス
ノード
携帯基地局
ミニFM
DSRC
・交通情報
・観光情報
・道路状況
・イベント
インターネット
FAX
電話
公共交通利用案内
・発車時刻
・交通障害
・道路状況
・乗り継ぎ案内
他

いは乗り入れた場合は非常に高い料金を徴収されるようにしなければならない。自動車の便利さは、少々の渋滞を我慢してでも、都心まで直接乗り入れたいという誘因を起こさせるものである。これまでは、市街地へ直接乗り入れる車に対して特別料金を徴収することは技術的に不可能であったが、これからは、ＥＴＣ技術の発達により、こうした試みもより実効性を高めることができるだろう。

共同利用の話に戻そう。これは、たとえば都心部まで公共交通機関で乗り入れ、そして都心部においては共同で自動車を利用しようとするものである。こうすれば、都心までの渋滞緩和になるし、都心部では必要なときだけ車の供給が図られると考えられている。

しかし、ここにもいくつかの問題がある。現行の法システムでは、こうした利用形態はレンタカー事業とみなされる。また、そうならざるをえない背景として、根本的に共同利用を行う際の、誰が車のメンテナンスの責任を負うのかという問題が出てくるのである。つまり、多数の利用者が相互に車を利用することになれば、どの時点で車の不具合が起こったのかがわからなくなる。そのような状態で車の不具合による事故が起こった場合、誰が責任をとるのかということである。

(6) 今後の方向性

以上、ＩＴＳという概念を基に、それに関連するものについて吟味を加えてきた。ここではまず、ＩＴＳと一口にいっても、それはさまざまな潜在的な可能性をもつ情報先端技術の総称であることが整理された。そして、これからの重要な方向性としては、それを社会政策としてどのような理念のもとに実質化していくかという問題だと主張した。そのうえで、現在注目されているいくつかの取り組みについて、具体的にその現状と問題点について検証してみた。まだ課題とするところは多いが、いずれも潜在的な可能性を十分に秘めている。それらをどのように顕在的に結びつけていくか、また全面的な導入のネックとなる財源問題をどのように克服していくか。最後はやはり財政問題に帰結する。

(1)　二〇〇一年度ノーベル経済学賞を受賞した米国のスティグリッツ氏は、受賞後のインタビューのなかで、経済不況期に構造改革を行うことの問題性について語っている。筆者もこの点は非常に同感であって、雇用の確保を第一義としない政策の展開は必ずや社会的歪みをもたらすことになるであろう。

(2)　この点については、最近は民間人を募集してODAモニターツアーを実施し、ODA事業の必要性や重要性を訴えているが、総合的かつ体系的にみれば検証システムは依然として大きな問題である。

(3)　もちろん、実際には環境市場での利権の争いは熾烈なものであるし、環境保護団体についても、その組織の肥大化による問題が露呈してきている。

(4)　この自信の表れは、ある経済支援に関する国際プロジェクトにおいて環境会議の議長になりたかったという事実に見ることができる。

(5)　ここでは、「持続的」という定義づけの問題が生じてくる。つまり、「持続的」という言葉があまりにも多義的なままで使われるがゆえに、議論の焦点が定まらないことが往々にして起こることである。たとえば、三年や五年といった短期的なものと解釈すれば、どのような対策がとれるか、持続性の実現は可能なものかはわかる。重要なのは、「持続的」という言葉が具体的にどれくらいの時間的長さをもったものなのかを明らかにすることである。もちろん、なかには「持続的」というのは永遠の長さではないのかと考える人もいるだろう。しかし、そこまでを言うのであれば、今とは全く異なる根本的な経済原理の改変が行われなければ無理ではないかと思われる。その意味で、実現可能なラインとしてここで持続的というのは、二五年から五〇年といった、ある程度技術革新が起こりうるような長期的時間を意味するものとしたい。

（6）この意識づけの問題については、情報が氾濫し、価値観が多様化し、人びとが何をよりどころとして生きていけばよいのかわからないような現代という時代性を考慮すれば、自らの存在確認として環境問題への取り組みと方向性も見出すことができる。

たとえば近年、企業が環境対策を重要な経営戦略の一つとして打ち出すようになってきているが、これは、従来は単にブランドイメージを高めるための投資、つまり、直接に生産性の向上には結びつかないが、間接的に売上げの増加につながるものとして評価されてきた。しかし、昨今では事情が変わってきている。企業としての環境対策が直接的な形で企業の生産性向上に結びついているという認識が高まってきたのである。それは生産工程において、資源の有効利用率を高めることでコストの削減につながっていくこと、そして何よりも従業員が環境問題への取り組みをとおして働くことの意味づけを行うことによって、労働者レベルでの労働意欲が高まり、生産性が向上することである。具体的にいえば、リストラが続くなかで、働くことに積極的な意義を見出せなくなっているが、環境問題に取り組んでいる企業で働き、その一翼を担っているという認識をもつことで、社会的に有意義な活動に参加していると いう満足感を得ることができ、それが労働意欲の向上へと結びついていくのである。

確かに環境問題では、ボランティアグループの取り組みが大きく報じられているが、経済的な保障なくしてボランティアに頼るのは過剰期待というものである。この点、企業活動をとおした環境問題への取り組みに大きな期待をもってもよいのではないか。

(7) 環境問題は、今日ますます人目にさらされないようになっている。下水処理や汚物処理の工程は、以前であれば日常生活のなかで目にすることができたが、都市化が進展すれば、その処理は機械化、効率化され、また人びとも生活圏を離れて労働することが多くなっていくため、人の目に触れなくなる。その結果、環境問題の存在を実感として捉えることが難しくなる。

社会学では、「死のポルノグラフィー」という言葉がある。死というものが、複数世代が同居する時代には家庭で実際に遭遇できた一方、核家族化が進むと子どもにとって家族の死に直面する機会が減り、その結果、死というものが実感として捉えられなくなり、人命を軽視する傾向をもたらす。それが、ポルノグラフィーが社会的に隠匿された存在であったのが公開されていく過程と好対照を成していることから、「死のポルノグラフィー」と呼んでいるのである。こうした考え方になぞらえれば、現代は「環境のポルノグラフィー」といってもいいだろう。

(8) ただし、この点についても問題視する見解がある。いかにソフトエネルギーを導入して環境負荷を軽減しようとしても、たとえば太陽光線や地熱などを利用してエネルギー需要を賄おうとしても、その必要となる供給量が膨大なものとなるならば、その生産施設の建設を通じて環境破壊を生じるという意味で、従来の環境問題と変わらないというのである。しかし、比較優位で考えれば、環境負荷の少ないものであれば、そちらへの転換を進める努力は必要であろう。また、この種の議論から往々にして生じてくるものは、環境負荷をなくすためには文明のあり方そのものを見直し、自然との共生が成立していた過去の様式に戻るべきだという、ディープ・エコロジーのような考え方もあるが、いったん便利な生活に順応した人びとに、以前の不便をともなう生活に回帰せよというのは、人間の実態を考えない、非常に短絡的な主張である。これは、すべての人間は非常に啓蒙的であるという、あまりにも理想化されすぎた観念的な議論であるといわざるをえない。

(9) もちろん、これに対する批判も猛烈に高まっている。その最たるものは、その効率性の悪さである。どういう点について日本の公共事業が非効率的であるかについては、拙著『実践 日本財政学』芦書房一九九六年 を参照されたい。

(10) このピークロードプライシングは、後に述べる道路特定財源の一般化の議論ともかかわってくる。

(11) 『日本経済新聞』二〇〇一年六月三〇日付。

(12) 日本道路公団は、ETCの普及率が五〇%になれば、料金所渋滞はなくなると試算しているが、この渋滞解消効果については、つぎのような疑問の声が上がっている。すなわち、ETCで料金所を停車せずに通過しても、一般道との合流地点で渋滞が生じる可能性が高い。交通量によっては、それが料金所にまで及ぶことがある。しかしこうした渋滞は高速道路側で対応できる問題ではないとして、日本道路公団は渋滞地点に数えていない。より具体的に見るならば、日本道路公団が全国二二四ヵ所の渋滞地域を原因別に分けたところ、料金所での一時停車が原因と見られる渋滞は全体の三割だった。これに対し、残りの七割は、インターチェンジの合流部、トンネルの入り口、道路が下り坂から登り坂に替わる「サグ部」での自然な減速が原因で生じている。これらはETCでは解消しない渋滞である。また、首都高速道路や阪神高速道路などの交通量の多い都心部では、絶対的に車線数が不足しており、慢性的な渋滞が続くと見られている(『日本経済新聞』二〇〇一年七月二二日付)。

(13) このため国土交通省は、利用を促進するために高速料金を割り引くという施策を打ち出している。この制度は二年間の期限つきであり、日本道路公団、首都高速道路公団、阪神高速道路公団の各公団ごとに毎回利用額の二〇％が割り引かれる。ただし、割引の上限は各公団ごとに一万円で合計三万円までとなっている。一般の反応としては、このような割引制度があったとしても、割引のあるハイウェーカードを利用したほうがよいとする意見が強い。

(14) 『日本経済新聞』「ＥＴＣ 大苦戦の深層」(二〇〇一年七月二二日付) より。

(15) 多くの物流業者は、通行料金を後からまとめて割り引いて払う別納制度を利用している。道路公団は別納用のカードを、更新時に順次、ＥＴＣ車載機にも使えるＥＴＣカードに切り替えている。しかし、車載機の導入が進まないために、トラックなどではいったん料金所で停車して、料金収受員にＥＴＣカードを手渡しているのが現状であるという(『日本経済新聞』二〇〇一年七月二二日付)。

(16) このようなコスト上の問題だけではなく、ＥＴＣの導入に関しては、このシステムが認知されていないための事故も起きている。たとえばつぎのようなものである。

① 一般車両がＥＴＣレーンに誤まって進入してしまい、バックして後続の車両にぶつかってしまう。

② バーが開かず車が停止してしまう。これは、誤発進など人的要因によるものと、電波反射による異常通信が主原因となっている。後者に対する対応として料金所の屋根が電波を反射させないような工事をしている。

③ 一度料金所に進入した車がバックしたために二回とカウントし、料金を二重請求する。これについては、バックした際にセンサーを設置し、数秒間以内に機械が同じデータを記録した場合は請求

しないようなシステムに改良している（『朝日新聞』の報道より）。

(17) ＥＴＣは走行中、瞬時に多くの情報をやり取りするため、通信速度はＮＴＴドコモが実験中の第三世代携帯電話の三倍程度に上る。

第4章　航空産業の競争促進政策

本章では、航空市場における昨今の動向について、その大きな注目点であるアメリカの状況と、日本の航空関係者を揺るがした日本航空と日本エアシステムの統合問題について考えてみよう。

1　日米航空市場における新規参入をめぐる動向

好景気に沸いたアメリカの一九九〇年代も終わり、二一世紀初頭にはついにその終焉が明らかとなりつつある。ＦＲＢ（アメリカ連邦準備理事会）はこのところ相次いで利下げを発表しているが[1]、二〇〇一年度下期の景気再浮揚は難しいとされている。

景気連動性の強い航空産業も、これにつられて業績が全体的に低迷してきている。ただ、その背景としては別に、二〇〇〇年からのＯＰＥＣ（石油輸出国機構）の生産調整による燃料費の高騰が決定的な原因であることは確かであった[2]。また、ユナイテッド航空とデルタ航空の大手二社に関しては、湾岸戦争後の不況期に実施した賃金カットの見返りとして賃上げを労組と合意したこともコスト上昇

表4－1　米国航空七社の決算

（カッコ内は前年同期比または前年比増減率，%，△は赤字または前年同期・前年比マイナス）

(2000年10—12月期)	売上高		純利益	
AMR	48億5900万ドル	(8.3)	4700万ドル	(△83.2)
UAL	47億9200万ドル	(6.9)	△7100万ドル	(－)
デルタ	40億1700万ドル	(9.2)	1800万ドル	(△95.0)
ノースウェスト	27億4000万ドル	(7.2)	△6900万ドル	(－)
コンチネンタル	24億2900万ドル	(12.9)	4400万ドル	(△73.7)
USエア	23億6000万ドル	(10.4)	△1億　100万ドル	(－)
サウスウェスト	14億6700万ドル	(21.8)	1億5400万ドル	(64.9)
(2000年)				
AMR	197億　300万ドル	(11.1)	8億1300万ドル	(△17.5)
UAL	193億5200万ドル	(7.4)	5000万ドル	(△96.0)
デルタ	167億4100万ドル	(12.5)	8億2800万ドル	(△31.0)
ノースウェスト	114億1500万ドル	(11.1)	2億5600万ドル	(△14.7)
コンチネンタル	98億9900万ドル	(14.6)	3億4200万ドル	(1.2)
USエア	92億7000万ドル	(7.8)	△2億6900万ドル	(－)
サウスウェスト	56億4900万ドル	(19.3)	6億　300万ドル	(27.1)

出所：『日本経済新聞』2001年1月22日付。

要因となっている。その一方で、こうした状況にあっても、サウスウェスト航空は順調な経営を維持し、上位では唯一、好成績をおさめている（表4－1）。

ここでは、アメリカにおける航空市場の最近の動向を、新規航空会社との関係を重点におきながら総括的に眺めてみたい。そこでは、最近日本の航空会社のなかでも注目を集めているアメリカン航空の略奪的料金設定をめぐる訴訟問題の経緯について若干解説し、その問題を明らかにしておきたい。そして、日本の航空市場について、一九九八年の新規参入組であるスカイマークとエアドゥの動向を中心に紹介し、日米の市場動向を対比してみることにしたい。

表4－2　2000年の航空旅客上位20社

（ATW（エア・トランスポート・ワールド）誌などによる輸送実績）

（億人キロ）

①	ユナテッド（米）	2041	②	アメリカン（米）	1875
③	デルタ（米）	1735	④	ノースウェスト（米）	1273
⑤	英国航空	1178	⑥	コンチネンタル（米）	1032
⑦	エールフランス	934	⑧	ルフトハンザ（独）	922
⑨	日本航空	890	⑩	US エアウェイズ（米）	756
⑪	シンガポール	708	⑫	エアカナダ	686
⑬	サウスウェスト（米）	679	⑭	カンタス（豪）	675
⑮	KLM（オランダ）	607	⑯	全日空	588
⑰	キャセイパシフィック（香港）	472	⑱	TWA（米）	438
⑲	アリタリア（伊）	414	⑳	タイ国際	413

出所：『朝日新聞』2001年6月10日付。

（1）大手航空会社による寡占化の進行

現在アメリカにおける航空市場では寡占化が進んでいる。一九七八年からの自由化政策によって、アメリカ航空市場は激烈な競争環境となり、一時は二五〇社を超える航空会社が存在したが、その後淘汰され、湾岸戦争による燃油費の高騰によって最終的に大手数社の寡占状態に回帰した。それを見たクリントン政権が一九九〇年代半ば、再独占規制政策へ方向性を転換したという過去の経緯がある。その後、航空不況によりリストラされた元大手企業の従業員たちによる起業から後述するようなサウスウェスト航空のような新規航空会社が多く出現し再び競争が激化し、ここにきて大手企業を中心とした寡占化の方向に時代は進みつつある。

たとえばユナイテッド航空は国内六位のUSエアウェイズの買収を発表し、現在アメリカの独占禁止委員会が審査を行っている。アメリカン航空は破産したトランスワールド航空を吸収した。[3] また、ノースウェスト航空は五位のコンチネンタル航空と提携している。これによってユナイテッド航空とアメリカン航空を合わせた市場占有率は五〇%を上回ることになる。

こうしたなかで、燃油費の高騰による運賃の値上げや、提携に拍車がかかり、市場の寡占化に対する消費者の懸念を高めている。ただし、アメリカ運輸省(DOT)は、航空企業の合併問題は司法省の管轄権であるとして静観の構えを見せている。

(2) アメリカにおける新規航空会社の躍動

こうした大手航空各社の寡占化が進む一方で、新規航空各社も活発な活動を展開している。そのなかでも特筆すべきなのは、日本での注目度も高いサウスウェスト航空であろう。

すでに触れたように、サウスウェスト航空は新規参入以来、継続して順調な経営を続けてきた。そして今日では安全でサービスのよい低運賃会社として、二八年間利益計上を続けるアメリカで最も経営が安定した大企業となったのである。二〇〇〇年一二月三一日現在で、同航空は三四四機のボーイング737機を所有し、二九州、五七都市の五八空港を結ぶ運航サービスを行っている。同社の特徴は、いわゆるハブ・アンド・スポーク戦略をとらず、二地点間輸送を軸として展開することや、混雑度の低い空港[4]を使うという独特の経営戦略をとっていることである。また、その他の競争力としては、従業員の働くインセンティブが高く、職種の壁を越えて積極的に多様な業務を行っていることで、機内などのエンターテイメント性においてもきわめて評判のよいサービスを提供していることなどがあげられる。表4-2のように、旅客キロでは一三位であるが、単純に輸送旅客数だけをとれば、二〇〇〇年には同社は世界第四位になった[5]。

しかし、現在も順調に推移しているサウスウェスト航空の今後に関しては、いくつかの不安要素が指摘されている。たとえば以下のようなものである[6]。

○アメリカン航空のTWA買収、ユナイテッド航空とUSエアウェイズの合併により、市場の寡占化が進み、主要空港におけるサウスウェスト航空に対する競争は更に厳しいものとなるだろうということ[7]。アメリカンは一七〇地点に運航、フリークエントフライヤーメンバー（FFP）は五二〇〇万人に、ユナイテッドは一七〇路線を運航し、五〇〇〇万人のFFPを有することになる。その一方、サウスウェストが運航するのは五八地点であり、しかも運航がワンクラス構成であるため、アップグレードのサービスが受けられないことが不利な要素となる。

○これまで、他社とは異なり、サウスウェスト航空の労使関係は良好であったが、最近では地上スタッフ五三〇〇人が業界平均並みの賃金を要求してピケをはるなど、業績増大とともに労働者の利益配分要求も大きくなっている。

○空港混雑のために、常に一位であった定刻運航率が二〇〇〇年には五位に落ちた。また、同様に空港混雑のために、同社の基本戦略である二〇分のターンアラウンド・タイムの原則を維持することが困難になってきた[8]。

○コスト削減とターンアラウンド・タイムの削減のために機材をＢ７３７に統一しているが、ＦＡＡ（連邦航空局）が最近ボーイング社に同機の設計変更を命じており、変更が行われる場合にはサウスウェスト航空の経営戦略上大きな問題となる。

○低コスト航空の経営思想をサウスウェスト航空として実現させたケルハー会長が経営の一線から退いたこととの影響。

これらのうち、最も懸念されるのは、労使関係の悪化の兆しと創業者会長の退場であろう。カリスマ性をもつ経営者が会社を引っ張っているときには、従業員が一丸となって競争に立ち向かっていくだけの強い求心力と推進力を持つが、そのたがが外れた時、往々にして組織は崩れてしまうことに成りかねない。特にピケの実施など、その兆候が顕在化しはじめた時点での退場は大きな不安を抱かせるものである。今後の動向が注目されるところである。

一方、最近の新規航空各社の経営戦略のなかで注目されるのは、ジェットブルー社の動きである。ジェットブルーは二〇〇〇年二月に運航を開始し、現在Ａ３２０型機一三機を所有し、一五地点への運航を行っている。二〇〇一年五月にはニューヨーク・ケネディ空港とシアトル間の直行便サービスも開始した。

同社は、航空会社の死命線ともいえるコンピュータ予約において革命的ともいえる戦略をとっている。つまり、パートタイム社員である主婦層に対して、予約端末機を貸し出し、在宅勤務で予約業務を行わせているのである。(9) これはきわめて斬新な発想であり、その持続性、つまり最終的に機能するかどうかは別として、アメリカにおけるベンチャー性を強く感じさせるものである。

(3) 新規参入航空各社への大手航空各社の対抗と訴訟問題

これまで見てきたように、現在のアメリカ航空市場は、大手各社の寡占化の進行と、サウスウェストを中心とした新規航空各社の活躍という二つの大きな流れとして特徴づけることができるだろう。こうしたなかで、最近日本の航空会社の間で注目を集めているのは、アメリカン航空の行った新航空会社締め出しの略奪的運賃設定をめぐる訴訟の動きである。

アメリカ司法省は一九九九年、新規航空会社であるバンガード、サンジェット、ウェスタンパシフィック各社の意義申し立てを受けて、アメリカン航空の持ち株会社であるAMRを反トラスト法（米独禁法）違反で提訴することを決定した。アメリカン航空が略奪的な低運賃を設定し、新規航空各社の締め出しを図ったというのだ。同省はテキサス州ダラス・フォートワース空港発着便を巡り、AMRが料金を不当に引き下げ、中小航空会社の参入を妨げたと主張した。裁判は二〇〇一年五月二二日から開始されることになっていた。しかし、同年四月二七日、裁判開始を直前に控え、カンザス州ウィチタの連邦地方裁判所のマーチン裁判長は、この訴訟を却下した。マーチン裁判長は、その報告書のなかで、アメリカン航空は、激烈な競争を展開する企業であることは認めるが、司法省の論証は不十分であり、同省の主張は運賃競争の抑制ではなく促進を図るという独禁法体制に矛盾するものであるとした。端的にいえば、コストを下回るような不当な料金設定はなかったとして訴えを退けたのである。これに対して司法省は、AMRは中小航空会社が同社との料金引下げ競争に敗れて撤退または経営難に陥るのを見届けてから料金を引き上げ、その結果、AMRが運航する他路線でも他社が参入に慎重になったとしている。なお、AMR側は、公正な価格競争をしており、消費者利益も損ねていないとしている[10]。

ちなみにDOTは、二〇〇一年も略奪行為に関するガイドラインの設定方針を放棄しており、今回で二度目の敗北ということになる。

この決定を受け民主党の議員は、この判決が大手航空各社の略奪行為を認めることになってはならないし、低コスト企業を排斥し、競争を抑止する傾向が全国を支配するようなことになれば、法律の改正が必要になると述べた[11]。

この司法判断を受け、低コスト会社の経営トップはDOTに対し、大手航空各社の路線、運賃設定行動に関する精査を行うよう要請した。バンガード社の法務最高責任者は、「裁判所の論理では、業界には要塞ハブは存在しないことになり、支配企業は新規参入企業の追い落としのための輸送力、破格の低運賃を市場に溢れさせることが可能になり、原告側は、略奪的運賃設定に対して異議申立てを行うことができなくなる。その結果、運賃は上昇し、小さなコミュニティーはジェット運航を失うことになる。航空企業競争の将来は運輸長官、及び議会にかかっている」と述べた。また、フロンティア社の社長は「裁判長は問題の複雑さを評価すべきであった。この訴訟により何が公正で何が不公正かある種の規則を与えることができたはずであった」とし、サンカントリー社の社長は「DOTは中小航空企業に代ってデータ、情報を収集できる機関である」とした。民主党のオバスター議員は「この問題は連邦地方裁判所レベルで争われる問題ではなく、司法省は控訴すべきである」と述べ、共和党のスローター議員も「議会は傍観しているわけにはいかない。低コスト企業を飲み込んで競争を阻害することが法となるならば、法を改正し、厳正な新法を制定しなければならない」と主張している。この点に関して政党間の意見の相違はないようである。(12)

こうした後押しを受け、アメリカ司法省は六月二六日に控訴する方針を発表した。

この訴訟の決着は、現在における競争環境をめぐるきわめて重要な方向性を規定することになろう。筆者としては略奪行為に関するガイドラインの設定にきわめて興味をひかれるが、今後の動向に注目したいと思う。

(4)　日本市場の動向

つぎに翻って日本の航空市場の動きについて見てみよう。ここでは冒頭に述べたように、あくまでも新規航空各社の動向に絞って話を進めることとしたい。

内閣府は、二〇〇一年六月、規制緩和や制度改革が料金の低下を通じて消費者に利益をもたらす経済効果の試算をまとめた。(13) これによると、国内航空改革によってもたらされた効果は三五八九億円と

表４－３　規制改革の経済効果

（億円，（　）内は開始年度）

分　　野	消費者還元額	主な規制改革
鉄　　道	19,100	JR民営化など（87）
国内電話通信	42,671	民営化や参入規制緩和（89）
国際電話通信	3,624	民営化や参入規制緩和（89）
トラック	23,648	参入・料金規制緩和（90）
酒　　類	6,519	酒販免許制の緩和など（92）
国内航空	3,589	運賃割引制度など（93）
石油製品	18,999	輸入などの自由化（94）
株式売買手数料	3,737	手数料率の自由化（94）
電　　力	19,550	料金規制の見直し（95）
米	8,520	新食糧法の施行（95）
自動車登録検査	6,326	車検項目の簡素化（95）
都市ガス	773	料金規制の見直し（95）
タクシー	44	初乗り短縮運賃制度（97）
合　　計	157,099	

出所：『日本経済新聞』2001年６月30日付。

推計されている。(14) 確かに総体として割引運賃が多様化し、消費者はさまざまな割引をとおして以前よりも大きな便益を享受することができるようになった。(15) そこでこうした競争環境を実質的に現出させた担い手である新規航空各社は現在どのような状況にあるのかを見ておこう。

先発組の新規航空各社の動向

一九九八年九月、最初の新規航空会社となったスカイマーク・エアラインズ（以下、スカイマーク）の経営は、ここに来てだいぶん巡航軌道に乗ってきたように見える。経営実績を見ると、同年四月の中間期段階で、経常損失が五億円程度の赤字と、前年同期の三分の一に縮小している。同年一〇月期の今期最終決算では、経常損益で黒字転換する見通しを立てている。(16) これは地上業務を外部委託から自社運営に切り替えたことによる経費削減効果が現われたものである。

委託問題は、長らく新規航空各社の経営のくびきとなってきた。初期投資を抑え、新規参入を現実化させるためには、九八年当時では、どうしても既存の大手航空各社に整備など、ノウハウを必要とする業務を委託せざるをえなかった。そして、この委託で大手航空各社が最終的に新規航空各社の動きをコントロールできたのである。したがって、自立化を進めるためには、可能なところから自営化を進めていくというのは当然の戦略であったろう。また、二〇〇二年春からは新卒者の定期採用を開始することを発表した。自社の社員が育ってくれれば、企業文化も本格的に形成され、企業の競争力も強化されていくことが予見される。今後の路線展開の軸をどこにとるのか、販売網の強化をどのように図っていくのかが、大手各社が依然として圧倒的なシェアを握り、本格的な生き残り競争が激化してくるなかで大きな鍵となってくるだろう。

これに対してエアドゥ（北海道国際航空）は、いよいよ生き残りをかけた正念場を迎えている。浜田前社長の後任人事を巡って混乱後も、迷走状態が続いている[17]。債務超過危機に陥っているエアドゥは、二〇〇一年六月中旬、北海道庁からの補助金を受けるために二〇〇五年度までの経営改善計画をまとめた。これによって二〇〇四年度に最終黒字（三億五〇〇万円）を目指すとしている。道庁はエアドゥからの要請を受けて二〇〇一年度中に補助金一八億円と公的融資四億六〇〇〇万円、二〇〇三年度までの三年間で五〇億円規模の支援案を議会側に打診するという[18]。

このような経営危機に陥った背景には、エアドゥが道民の航空会社ということを過度に自己評価し、営業活動の推進に甘えが生じたことがあるのではないかと考えられる。事業発足当初は、むしろこの面が生きて、同じ新規参入組であるスカイマークに比べて順調な滑り出しを見せた。しかし、このことが、時が経つにつれて逆にあだとなり、スカイマークとは違い、真剣な営業への取り組みを遅らせることになった節がある。いったん新規参入フィーバーが収まってしまえば、新規参入組も数ある航空会社の一つでしかなくなる。しかも、スケジュール上、大手航空各社に比べて不利な条件にある以上、いっそう革新的な営業戦略の策定・実施が絶えず求められるのに、甘えの構造が生じたのであれば事態は深刻である。

筆者は、北海道による支援は今回一回かぎりにすべきであると考える。本来、補助金を投入すること自体の是非が問われるところであろうが、沈滞する北海道経済にさらなる悪影響を与えるという論法からすれば、一民間企業であるとはいえ、公共性の高い航空事業を担うエアドゥを一気に経営破綻に至らせることには問題であるという論議は成り立つであろう。しかし、何の制約条件も課さずに補助金を与え続けることには、道民の負担の公平性からいってゆるされるものではないだろう。特に札幌以外の地域住民からは、直接エアドゥからの便益が認められないとして、この援助には根強い反対がある。確かに経営改善計画は立てられてはいるが、それはあくまでも紙面の計画であり、実効性に保証がない以上、経営陣の明確な経営責任を問う以外には方策はないのではないかと考えられる。

二〇〇一年六月に入ってから、エアドゥは外資系の航空会社から人材を招き営業改革に取り組んでいる。そこではイールドマネジメント（利益率を高めるための営業施策）の向上と、支援してくれる中小代理店の掘り起こし・育成ということに焦点がおかれている。どちらもこれまで既存の大手航空各社がノウハウの蓄積とともに実践してきたことであり、これによって新規航空各社もやっと「スタート地点」に立ったかという感想をもつことは否めない。

スカイマーク、エアドゥにせよ、現段階に至る過程のなかで、新規航空各社としての使命はとりあえず果たしたものと思われる。参入路線における運賃競争は確かに激化し、大手航空各社側に、各種の制約条件はあるにせよ、割引運賃の普及をとおし実勢運賃の引き下げを実現した。(19) しかし、市場が安定をとりもどした現在、もはや新規航空各社としてのインパクトはなくなり、大手航空各社にとってはもはや恐れずに足りずといった状況であろう。このままでいけば、総合的な路線を擁する大手航空各社の内部補助力（儲かっている路線での収益を、競争の激しい路線につぎ込むことで優位に立とうとすること）を見なければならず、新規航空各社が自然な形で発展していくことはまず考えられない。今日では、スカイマークとエアドゥは、その存在意義を根本から改めて問い直されているといえよう。

また、仙台空港をベースとして初の地方ローカル線への新規参入を果たしたフェアリンク社に関しては、内紛によって創業者である大河原順一氏が経営を離れるという大きな変化があった。二〇〇一年秋頃から落ち込んでいた搭乗率を、大河原氏自身がダイレクト・セールスを行うことでかなり盛り返したものの、ローカル線運営をめぐる経営の見解の相違が内紛を引き起こしたものと見られている。(20)スカイマーク・エアラインズの立ち上げから、日本の航空市場への新規参入を一手に担ってきた観のある大河原氏の当面の表舞台からの退場は、今後の新規航空会社のあり方を一面で象徴するものであるかのようである。

新規参入を目指す会社

沖縄を起点にエアドゥに続く県民のための航空会社を目指すレキオス航空は、二〇〇二年の免許申請をにらみ、二〇〇一年六月に東京事務所を開設し、事業認可のための最終的な調整段階に入った。大手航空各社から実務に優れた人材を招聘し、申請に向けた動きがスタートしたといえよう。今後、沖縄の航空会社である現ＪＴＡ（トランスオーシャン航空）との差別化をどのように展開していくのかが最大の課題となるであろう。また、宮崎でも、以前は博多を基点としてプランを進めてきたパン・アジア航空を受けたスカイネット・アジアが同じく最終段階への突入を図っている。こちらは、同じ九州ということで、先行新規航空会社であるスカイマークとの共同マーケティングがどこまで実現するかが見所となるであろう。

(5) 今後の展開

以上、アメリカと日本の航空市場について、特に新規参入の動向という観点から概括的に見てきた。アメリカでは、寡占化が再度進みつつも、斬新な発想と行動力をもった新規航空各社が依然として活発な活動を展開している。それに対して日本の場合、大河原氏が目指したような本来の新規参入者が持つ斬新性は、スカイマークやエアドゥを含めて、まだどの新規航空各社・プランイング会社も提起できていない。この経緯についてはアメリカの現状に学ぶべきであろう。空港の発着枠など、インフラストラクチャーの面で違いはあるとはいえ、[21]機内空間の有効活用、従業員の働くモチベーションの引き出し方など、参考となる点は多々あるはずである。[22]新規参入航空各社の今後の取り組みに大いに期待したい。

2　日本航空と日本エアシステムの経営統合

二〇〇一年一一月一一日の『日本経済新聞』一面に、日本航空と日本エアシステムの経営統合の決定の記事が大きく掲載された。日本航空は二〇〇一年に創業五〇周年を迎えた。その節目の年にこのような大きな経営決断を下すことになるのは歴史の巡り合わせといえるだろう。新会社の名前は「日本航空システム」となり、旅客輸送実績で世界六位となる。

(1)　統合のメリット

日本航空と日本エアシステムの合併は、日本エアシステムの前身である東亜国内航空時代から、さまざまな機会に話題にのぼっていた。たいていは周囲の期待感のほうが大きく現実味のないものととらえられてきた。しかし、今回はこの歴史的な統合を促すような強烈な経済社会的背景が生まれてき

表4－4　世界の航空会社の輸送規模

（1999年，国際線・国内線の合計有償旅客キロ，単位は百万人キロ，日経推定）

①	ユナイテッド（米）	204,235
②	アメリカン（米）	187,600
③	デルタ（米）	173,486
④	ノースウェスト（米）	127,317
⑤	ブリティッシュ・エアウェイズ（英）	118,890
	日本航空＋日本エアシステム（日）	107,849
⑥	コンチネンタル（米）	103,235
⑦	エールフランス（仏）	91,801
⑧	日本航空（日）	88,999
⑨	ルフトハンザ（独）	88,606
⑩	USエアウェイズ（米）	75,728
⑭	全日本空輸（日）	62,592
：	日本エアシステム（日）	18,850

出所：『日本経済新聞』2001年11月11日付。

たのである。

それは何よりも昨今の経済不況と、二〇〇一年九月一一日にアメリカで起きた同時多発テロによる深刻な影響である。国際線が主体である日本航空にとっては、同時多発テロ事件の影響は深刻であり、二〇〇一年度決算は四〇〇億円を超える大幅な経常赤字を計上する見込みとなった(23)。一方、日本エアシステムも、親会社である東急グループの経営不振から、収益性の上がらない日本エアシステムを傘下に抱えることが困難になってきた。国際的な航空再編が進み、国内線ネットワークを早急に強化し、経営基盤の磐石化を図りたい日本航空と、身軽になって経営再建に取り組みたい東急側の思惑が一致した結果である。

両社の統合による効果について、プレスリリースでは以下のような項目があげられている。

利用者利便の向上

国内線におけるネットワーク等で業界第一位企業に対抗しうる企業が創出されて、運航ダイヤ・運賃等を含めた利用者利便の向上を図ることが可能になり、実効性をともなった競争が国内線において展開されることとなる。また、後述の事業基盤強化・企業体質強化により、さらなる輸送力増強や、現状においては採算上困難となっている生活路線の維持など、従来以上に消費者利益の向上を図ることが可能となる。

また、国内線・国際線の広範で一体的なネットワークが形成されることによって、利用者の利便性がいっそう向上するとともに、日本経済の発展にも資することとなる。

事業基盤の強化

国内線を中心とした日本エアシステムと、国際線に重心をおいてきた日本航空の統合によって、グローバルな競争に耐えうるような事業基盤が築かれ、安定的な事業運営が図られることとなる。

抜本的効率化等による企業体質の強化

以下のとおり抜本的な効率化と資産の有効活用を行うことで、コスト競争力の向上や企業体質の強化が図られ、競争を通じた利用者への還元が可能となる。

① 資産の効率化、固定費負担の軽減

両社が個別に保有・使用してきた航空機（予備エンジン・部品等を含む）、各種施設（空港・市内支店・営業所・本社等）、諸機材（空港・整備用等）、情報システム等についての統廃合や削減での効率化が可能になるとともに、利用効率の向上によりさらなる有効活用が可能となる。また、情報システム投資をはじめとした固定費負担が規模拡大により軽減される。

② 航空機保有維持費の低減

とりわけ航空機については、前述の効率化が期待されることに加え、今後機種の統一が進むことにより、その保有、維持にかかわる投資費用の負担が軽減される（現時点では航空機の共通性は小さい）。

③ 人員の効率的活用

業務の統合は、生産性の向上等により両社の人材の有効活用が可能となる。

④ 外部取引等における費用削減

空港整備を始めほぼ全分野に及ぶ外部取引について、統合により両社の重複部分の削減や余裕部分の活用の効率化が可能となり、各種調達等の取引における交渉力の強化が期待される。

⑤ 必要資金量の抑制、資金調達の効率化

前記の多様な効率化によって投資や経費が抑制され、調達資金を大幅に抑制することが可能となる。また、財務体質の強化が図られ、今後の事業展開に必要な資金調達能力が向上する。

企業ステークホルダーの利益確保

企業基盤の安定や企業体質の強化によって、両社二三万人に及ぶ株主の利益が確保・拡充されるとともに、両社グループ社員の雇用の維持、さらには企業グループの発展にともなう雇用機会の創出なども可能となる。

また、二〇〇二年一月二九日に行われたプレスリリースでは、具体的に統合効果として、経費圧縮が同年単年度で七三〇億円、投資圧縮が二〇〇五年度までで一〇〇〇億円、人員削減が同年度までで三〇〇〇名になると試算している。[24]

さて、前記では示されていないが、日本航空が日本エアシステムと統合するメリットとして見逃せないのが、羽田空港における発着枠の配分問題である。羽田空港は超過密空港であり、新たな発着枠を捻出しにくい状況が続いている。そのため、全日空との国内線での格差を解消したい日本航空としてははがゆい状態が続いていたのである。日本エアシステムと統合することにより、難題を一気に解決できるのである。

なお、今後の統合のスケジュールは以下のようになっている。

①　統合準備

両社共同の「統合準備委員会」を設置し、統合までの諸準備・移行作業を指揮する。なお、統合準備委員会のもとに分野ごとに分科会を置く。

②　統合の承認

日本航空・日本エアシステムそれぞれの次期定時株主総会において株式移転制度を用いた共同持株会社の設立について承認を受ける（二〇〇二年六月）。

③　統合第一段階（二〇〇二年九月目途）

両社は、株式移転制度により共同して持ち株会社を設立し、その傘下に入る。日本航空と日本エア

統合の形態

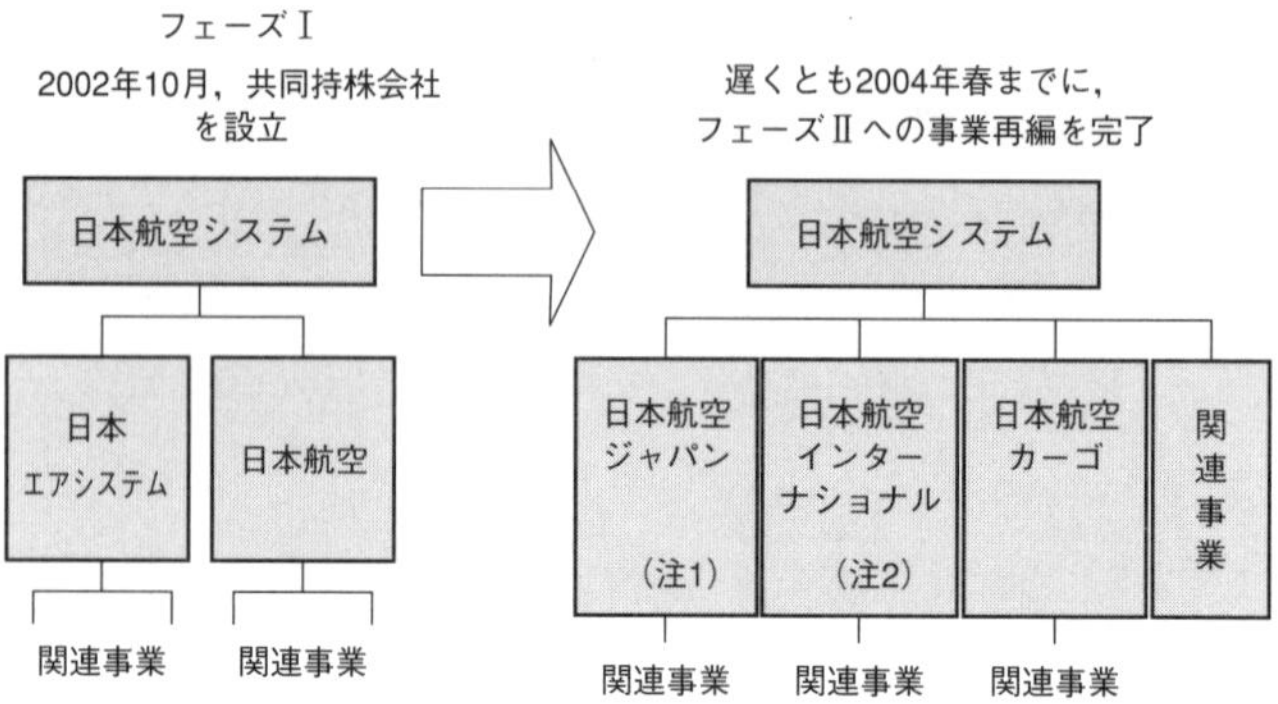
フェーズⅠ
2002年10月，共同持株会社を設立
日本航空システム
日本エアシステム
日本航空
関連事業
関連事業
遅くとも2004年春までに，フェーズⅡへの事業再編を完了
日本航空システム
日本航空ジャパン（注1）
日本航空インターナショナル（注2）
日本航空カーゴ
関連事業
関連事業
関連事業
関連事業

（注1）基幹会社の法的な承継会社はJASの予定
（注2）基幹会社の法的な承継会社はJALの予定

持株会社の機能

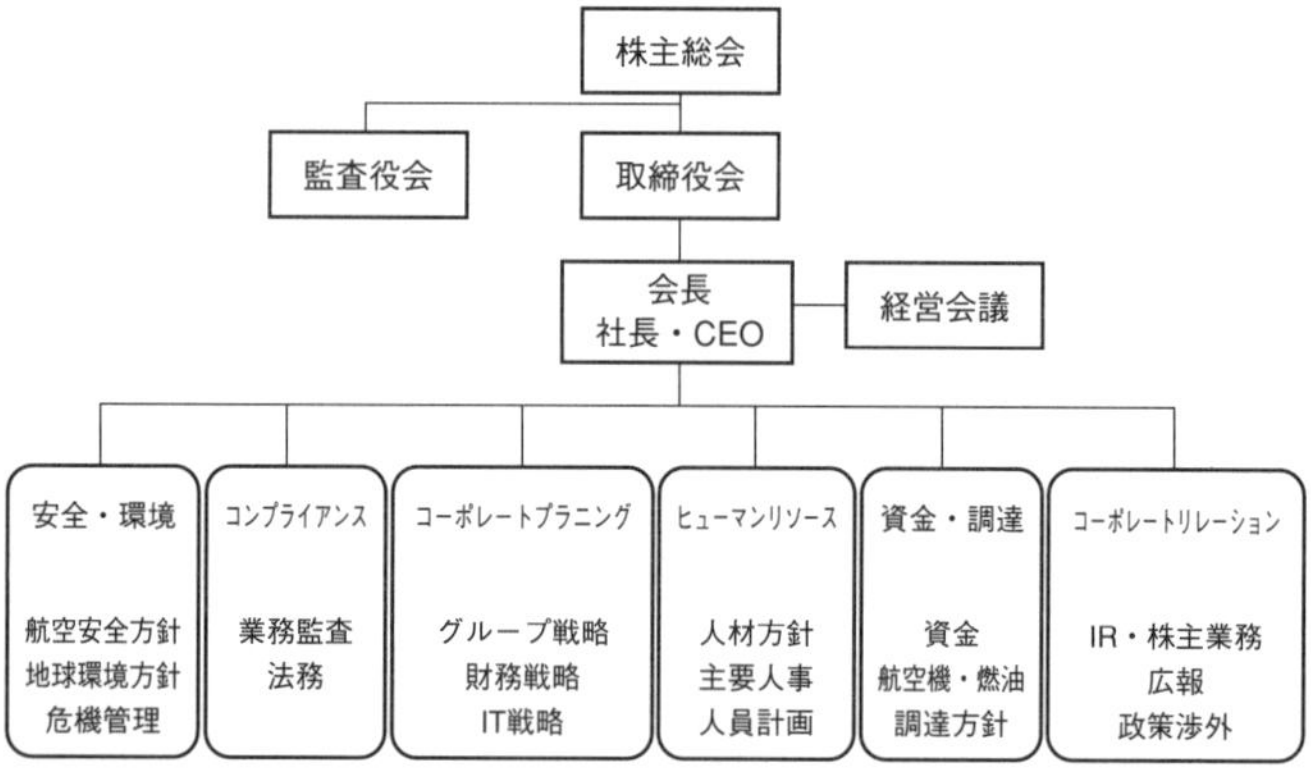
株主総会
監査役会
取締役会
会長
社長・CEO
経営会議
安全・環境
航空安全方針
地球環境方針
危機管理
コンプライアンス
業務監査
法務
コーポレートプラニング
グループ戦略
財務戦略
IT戦略
ヒューマンリソース
人材方針
主要人事
人員計画
資金・調達
資金
航空機・燃油
調達方針
コーポレートリレーション
IR・株主業務
広報
政策渉外

システムはそれぞれ個別の法人として、現行どおり航空輸送等の事業運営を遂行する。また、共同持ち株会社を中心に統合第二段階への円滑な移行準備を進める。

④　統合第二段階

持ち株会社傘下の両社の再編を完了する。持ち株会社傘下の両社の事業を分野別に再編することにより、その分野の特徴に合わせた効率的経営を目指す。

(2)　統合の歴史的背景

日本航空がなぜ国内線の拡充を急ぐのか。それには航空産業政策に関する歴史的背景がある。それは日本の航空産業は、敗戦により戦後の一時期、軍需産業の性格が強いために操業を行うことが許されなかった。その政策がその後も影響し、いわば航空後進国として、日本の航空産業の歴史はスタートしたのである。

その後、国際競争のなかで国内の航空会社を早急に育成していくために、政府は航空産業に対する保護育成政策を実施する。これが四五・四七体制といわれる、いわゆる「航空憲法」である。これによって、日本航空は国際線と国内幹線、全日空は国内幹線と一部国内ローカル線、ならびに国際チャーター便、東亜国内航空（当時：現日本エアシステム）は一部国内幹線と国内ローカル線という事業分野の線引きが行われたのである。これは日本航空には非常に有利で、残り二社、特に東亜国内航空には不利なように思われる。この政策によって、お互い同士の過当競争は免れ、各社の収益基盤は確実に安定していった。そして経営余力もでき、ジャンボ機の導入など、時代の変化にともなう設備投資を的確に行っていくことができた。この意味では、こうした保護政策は確かな成果をあげてきたことは間違いない。しかし、これによって、国際線における日本航空の絶対的優位性[25]、国内線における全日空の優位性が同時に形成され、一九八五年に航空憲法が廃止されてからも、羽田、ならびに成田空港の発着枠の供給制約と相まって、以後も固定化され続けてきたのであった。

その後、航空業界が成熟を遂げていくなかで、各社とも、この航空憲法による事業分割が、逆に足かせとなり、窮屈に感じられるようになった。日本航空の場合には、特に国際線に比重が偏っている事業展開では、経営基盤の脆弱さを身をもって感じる事態が発生したのである。それは、航空会社として名門中の名門といわれたパン・アメリカン航空の倒産である。

パン・アメリカン航空（以下、パンナムと略す）は、その事業のほとんどが国際線であり、アメリカのナショナルフラッグ・キャリア（国を代表する航空会社）として我が世を謳歌してきた。しかし、一九七九年に始まるアメリカの航空規制緩和政策による激しい競争のなかで、国内線の乗り継ぎサービスを提供できず、国内需要を十分に吸収することのできないパンナムは急速に業界内における競争力を失っていく。そして、最終的には爆弾テロによる顧客離れが直接のきっかけとなったが、パンナムはその長い栄光の歴史を閉じることになったのである。これに対して、現在ビッグ・スリーとして世界の空に君臨しているユナイテッド航空、アメリカン航空、デルタ航空が、いずれも国内路線を営業基盤に発展してきたことを考慮すれば、おのずと国内線の確保は重要事項であることが理解できるだろう。

日本航空も民営化を遂げる以前から、パンナムとの類似性を盛んに指摘され、国内線への積極展開を目論んできた経緯がある。現在の国内線重視戦略は、まさにパンナムを反面教師として見たてたものといえよう。

その一方で、日本エアシステムは地方ローカル線で多くの不採算路線を抱えている。これらをどのように対処していくのかが注目すべき一つの視点といえよう。

(3)　全日空ならびに公正取引委員会の反応

この動きに対しては、全日空は当然のことながら猛烈に反対した。市場での競争が歪められるというのである。この点、これまで国内線で圧倒的なシェアを誇ってきた全日空の言い分が弱いように思われるが、一社の事業全体としてみた場合、頷けないこともない。なぜなら、全日空は国際線での後発性を考慮し、国内線で優位性を保ってきたが、日本航空が国内線戦略で全日空と対等のシェアを確保できれば、総合力において日本航空の優勢性は圧倒的なものとなりうるからである。

そこでつぎに全日空がどのような対抗策をとってきたかについてみておこう。

全日空は、仙台に拠点を置くフェアリンクと、名古屋に拠点を置く中日本エアラインサービス両社と提携し、二〇〇二年四月から国内線を共同運航することを決定した。成田空港の新滑走路の供用開

始に合わせて就航する新規路線が対象であり、国内線の共同運航は初めてのケースとなる。(26)

フェアリンクは成田発着枠の拡大で割り当てられる新規枠を使い、仙台線と札幌線を就航、中日本エアラインサービスは名古屋線を新設する。それぞれの保有機を充てる一方、便名は全日空との併記とし、航空券を共同販売する方向で最終調整している。

フェアリンクは仙台を拠点とする新規航空会社であり、地方都市を結ぶ地域密着型の航空会社を志向して、二〇〇〇年に航空事業に参入した。しかし、一時は営業努力によって相当高い搭乗率を獲得し、路線も増やしたものの、最近では搭乗率も低迷し二〇〇一年末には仙台—広島—鹿児島線から撤退し、現在は創業当初の仙台—関西国際空港路線を運航するにとどまっている。

一方中日本エアラインサービス（NAL）は、名古屋を地盤とするコミューター航空である。こちらは、その積極的で採算の取れた経営が注目されてきた。名古屋を拠点とし、富山、高松などに一日一一便の定期便を運航している。

両社とも全日空へチェックイン業務や販売業務の一部を、これまでも委託していた関係にある。集客力を高めるには、全日空の知名度と営業力を活用できる共同運航と搭乗券の共同販売に踏み込むのが得策と判断したものと見られる。特に事業の採算性が不透明な新規路線では、搭乗率を高める上で効果が大きいとみられている。

さて、日本航空・日本エアシステムの統合によって、新会社の国内線のシェアは約四八%となり、全日空と拮抗することになり、形としては複占となる。しかし、公正取引委員会はこの点に関しては問題としない模様である。このように、複占を無審査で認めることに関して公取委に批判的見解をぶつけることもできるが（明確な審査ルールがないという点について）、国際間提携を主軸として、国際航空市場での航空会社の生き残りが非常に難しくなっている現状を考えれば、日本の航空業界の企業体力を強化させようという観点から、今回の大型合併も、国際的競争力を高める政策として是認されるだろう。[27]

今後は新会社と全日空との間で、運賃などの取り決めに関して両社間の談合が行われる場合と、シェアが均衡することによってさらに競争が激化することが予想される。現実的には、それほど劇的な運賃競争は見られないのではないかと考えている。

(4)　国際線・貨物市場における影響と今後の動向

日本航空と日本エアシステムの統合の効果は国際線市場での変化はあまりみられないだろう。国際線では、日本エアシステムのシェアはほとんどなく、わずかに運航している路線も日本航空とは重複しないため、経営統合は日本航空による吸収という形で円滑に進むだろうと見られる。

貨物部門では、日本エアシステムは業務委託化を進めており、正規職員として貨物業務に携わっている者は少数なので、日本航空の社内カンパニーである貨物カンパニーに吸収されることになるだろう。

今後は持ち株会社を設立して、その傘下に事業部として国際、国内、貨物といった部門を配置し、統括していくことになる。

こうして、組織改革としてはスムーズに進むことが予想されるところも多いが、障害となると思われるものをいくつか指摘しておこう。

まず人事の問題がある。両社の人事管理を統合する上で、昇進など待遇面で両社間で格差がでないよう公平性を確保するという難しい課題が控えている。

また、最も難しい問題として労働組合の問題がある。日本航空には現在六つの労働組合がある。その最大のものである日本航空労働組合は連合傘下にある。体質的には経営側との共存共栄をはかり、穏健な政策を堅持している。これに対し、日本エアシステムの労働組合が属する上部団体は、より経営に対して対決姿勢が強い。このように、それぞれ全く違う運動方針を採用している。[28] この両者がどこまで融合していけるのかという問題が、統合を推進していくうえで最も厄介な問題ではなかろうかと考えられる。もしこの融合がうまくいかなければ、ストライキが再度活発に行われる危険性もあるし、この問題から、統合問題が破綻する可能性が最も高いのではないかと考えている。

（1）　二〇〇一年六月二七日、ＦＲＢは、短期の指標金利であるフェデラルファンド（ＦＦ）について、金利誘導を〇・二五％引き下げ、年三・七五％とすることを決め、即日実施した。利下げは同年に入ってから六回目で、利下げ幅は累計で二・七五％となった。ＦＦ金利の誘導目標が四％を下回ったのは一九九四年の五月以来のこととなる。

（２）これについては最近注目すべき動きがある。二〇〇一年一月、世界の航空会社と石油会社は、インターネット上で航空機燃料の調達業務を支援する共同出資会社を設立すると発表した。新会社はJet-A.Comで本社はシカゴにおく。航空業界では日本航空、全日本空輸、ルフトハンザ・ドイツ航空、アメリカン航空など二二社が別の共同出資会社を通じて出資する。石油会社では英ＢＰ、米エクソンモービルなど六社が出資する。航空会社にとって燃料は大きな費用項目の一つであり、全日空の場合、燃料費は年間一二〇〇億円に達する。燃料の入札や在庫管理、請求・支払いといった一連の業務は、航空会社と石油会社が個別に、ファクシミリや電子メールで注文するケースが大半であった。今後は新会社を通じて燃料の調達・販売をすることによって、航空・石油会社双方に調達業務の標準化、効率化が期待できるとしている。参加企業全体で年間約一億ドルのコスト削減を見込んでいる（『日本経済新聞』二〇〇一年一月二五日付）。ただし、その後は、需給関係の緩みから、燃油価格は下降線をたどっている。

（３）アメリカ司法省は、二〇〇一年三月一六日、アメリカン航空の持ち株会社であるＡＭＲによるトランスワールド航空（ＴＷＡ）の買収を承認すると発表した。これによって、買収後のアメリカン航空は、搭乗者数で全米一の航空会社となった。

（４）たとえばダラス・ラブ・フィールド、ヒューストン・ホビー、シカゴ・ミッドウェイ、ボルティモア・ワシントン国際、バーバンク、マンチェスター、オークランド、サン・ホセ、プロビデンス、Ｆｆ．ローダーデール、ハリウッド・アンド・ロングアイランドといった空港である。

（５）前年比で六二〇万人増。これは、デルタ航空の一億五〇〇万人、ユナイテッド航空の八七〇〇万人、アメリカン航空の八一〇〇万人につぐものである。
（6）運輸政策研究機構『米国航空速報』二〇〇一年三月下旬。
（7）これについては後述のアメリカン航空に絡む訴訟問題が具体的事例となる。
（8）混雑解消問題は、現在アメリカ運輸省（DOT）の最大の取り組み課題となっている。
（9）在宅勤務にともなう問題としては、企業の情報が社外に漏れる危険性がいっそう高まり、会社としての一体感、いわゆる企業文化の形成が阻害され、企業の競争力に影響を及ぼすことが考えられる（詳しくは『ビジネス・スパ』二〇〇一年八月号　扶桑社　における筆者のニュース解説を参照されたい）。
（10）『日本経済新聞』二〇〇一年六月二七日付。
（11）運輸政策研究機構『米国航空速報』二〇〇一年四月下旬。
（12）運輸政策研究機構『米国航空速報』二〇〇一年五月上旬。
（13）『日本経済新聞』二〇〇一年六月三〇日付。
（14）この推計では、経済学でいう消費者余剰の考え方が使われている。規制改革の開始年度は、運賃割引制度が緩和された九三年度としている。
（15）この点に関しては、検索コストの増大やデジタルデバイド（情報化が生む経済格差）による不公平性の問題などがある。
（16）手荷物取扱いなど、空港内の地上業務はこれにより、月間一億円以上の経費を削減できたとしている。値下げ競争が落ち着いたことも大きい（『日本経済新聞』二〇〇一年六月八日付）。
（17）一時は日本航空ＯＢの沢田博光氏の就任が公表されたものの、本人の辞退を受け白紙にもどり、結局は道庁から現社長を迎えることになった。

(18) 『日本経済新聞』二〇〇一年六月一四日付。

(19) この点に関しては、消費者にとっては、情報の氾濫のなかでいかに自分にとって都合のいい運賃種別なのかを探す時間が大幅に増加したという、「検索コスト」の問題が出てくる。

(20) 大河原氏の後任社長に就任した清田尚利氏は、記者会見のなかで、経営権をめぐる内紛があったことについて、「資金不足が問題の発端」と述べ、大河原氏の資金計画に不備があったとの見方を示した。さらに「地域に根ざした航空事業という大河原前社長の理念は引き継ぐが、会社経営は理念と資金が結合しなければ成り立たない」と述べ、業界で理念先行型と指摘される大河原氏からの経営手法からの脱却を強調している（『日本経済新聞』二〇〇一年四月一三日付）。

(21) 日本の場合、収益が見込める羽田路線に容易に参入できないことは、確かに新規参入を考える上でのマイナスポイントであることは否めない。その点、状況はかなり異なるものの、混雑空港の解決策として最近アメリカで再度注目を集めているのがWayport構想である。Wayportとは大空港付近の小空港という意味である。大都市に向かう人びとのほとんどが市街から来るわけではないのだから、Wayportの活用を検討すべきだとし、必要であれば地方空港を建設して市街と高速道路、高速鉄道で結ぶことを真剣に検討すべきであるとしている。この議論は、すでに一九八〇年代後半に議会で注目されていたものの、当時はメガハブを所有する大手企業の支持を得られなかった（運輸政策研究機構『米国航空速報』四月上旬）。日本で現在議論されている首都圏空港政策を考える際の格好の検討材料となるだろう。

(22) 筆者の聞いたところでは、某新規航空会社のキャビン・アテンダントは制服というものの意義にこだわっているという。これはいい意味に取りたいところだが、単に航空会社の社員としてのステータス・シンボルとしての制服にこだわっているだけならば問題は深刻である。

(23) 日本航空の兼子社長は、新聞社とのインタビューのなかで、今後の見通しについてつぎのように語っている。「二〇〇二年度は苦しい年度となりそうだ。ただ、年末年始の国際線旅客需要は前年同月比で約一五％減と、三〜四割減だったテロ後の最悪期を脱しつつある。国内線は前年を上回った。一月、二月がどうなるかで、来年度の状況が見えてくるが、二〇〇三年度には従来通りの需要動向になるのではないか。欧米では日本以上の勢いで旅客需要が回復している」（『日本経済新聞』二〇〇二年一月一五日付）。

(24) 詳細に見るとつぎのようになる。
経費削減効果七三〇億円のうち、三一〇億円は施設賃借料等の削減、二四〇億円は人員効率化、一二〇億円は機材効率化、その他が六〇億円（ただし、統合投資においては、システム統合等のための戦略的投資支出〈単年度費用増二〇〇億円程度〉を実施する予定だとしている）。

投資圧縮一〇〇〇億円のうち、航空機投資が七五〇億円、施設設備投資が二五〇億円。

人員効率化約三〇〇〇名のうち、本体地上部門が八四〇名、関連会社地上部門が二〇五〇名。その他、機材効率化にともなう削減効果があるとしている。

また、機材の効率化としては、一〇機分を削減するとしている。これは、両社の現行契約を前提として効率化を推進した場合に削減効果のできる機材数であり、捻出できた機材の利用計画については今後検討するとしている。

(25) 日本航空の国際線における優位性は、日米航空協定でも固定化された。すなわち、日本航空は日米航空協定のなかで先発企業として位置づけられ、国際線分野においては後発企業である全日空は、航空憲法廃止後も路線割当てなどで不利な扱いを受けてきたのであった。しかし、一九九八年の日米航空協定の改正によって、全日空も先発企業として認知され、形式上は日本航空と対比され不利な扱いはされなくなった。しかし、国際分野での出遅れは大きく、また、積年の国際線への固執もある。現在、国際アライアンスに日本航空以上に熱心に取り組んでいるのは、こうした背景を受けてのことと推測される。

(26)『日本経済新聞』二〇〇二年一月一日付。

(27)今回の統合によって、これから新規参入を目論む企業にとっては、参入しやすくなったという見方がある。というのは、今回の統合によって市場競争が阻害されるのではないかという市場の懸念を払拭するためにも、新規参入に対して歓迎するような姿勢を政府がとるのではないかと考えられるからである。

(28)会社間における組合連携という意味ではむしろ日本航空よりも全日空のほうがはるかに進んでいる。両社の最大の組合である日本航空労働組合と全日空労働組合は、航空連合として、連合傘下で手を握った。

第5章　情報化時代における交通整備：社会の活性化と権利保障

1　情報化時代の到来と価値観の多様化

本章では、本書でこれまで述べてきた情報化、高齢化など、新しい社会構造の到来のなかで、交通の面から、われわれの生活がどのように変化していくのかを概観し、その新しい生活を支えるインフラストラクチャーたる交通の新たな方向性について考察してみる。交通は、これからの社会における権利保障にとってきわめて重要なものとなる。その際、「移動」という行為がどのような意味をもつのかについて考えてみる。

(1)　情報化時代における人の流れ

情報化の進展とともに、われわれの生活は大きな変化を遂げつつある。なかでも最も大きい影響をもたらしているのはインターネットの急速な普及であろう。これによって、生活は二四時間化し、国際化はますます進んでいる。

こうしたインターネットの普及は、交通というものの考え方にも影響を及ぼしている。

かつてアメリカの著名な未来学者であるアルビン・トフラーは、その著書『第三の波』のなかで、将来予見される大きな二つの変化について指摘している。その一つは多品種少量生産であり、もう一つが情報化による人・物の流れの縮小化である。

今日では、前者についてはある程度妥当していると評価される[(1)]。しかし、後者については、慎重な見方が必要であろう。

トフラーは、情報化が進めば仕事のために長い時間をかけて通勤する必要はなく、自宅、あるいは自宅近くに設けられたサテライト・オフィスでの労働が主となり、個人の自由時間が増大するとともに、通勤地獄、交通渋滞の問題は解消されるとみた。確かに、ＩＣＡＯ（国際民間航空協会）が一九九九年末に行った調査によると、重要性の高くない不急の情報伝達は、電子メールなどの情報手段にとって代わられたという。しかし問題は、その情報の質である。

情報化社会が進めば、ビジネスにおいても、その情報の中身、重要性が今まで以上に問われることになる。であるならば、その重要な情報を電子メールやテレビ会議などを通じて伝達することは難しくなる。

まず、その高度な情報を、言葉をはじめとする記号に置き換えることに限界があることである。このような、言葉では表現できない情報を非形式知という。それは人と人が直接触れ合うことで、その場のニュアンスなどで伝達するしかないだろう。この点、テレビ会議をめぐる技術がいかに発達しても、限界があるように思われる。

第二に、情報網を使った重要情報の伝達では、その情報が漏洩する可能性を否定できないことである。確かに、昨今の情報の暗号化技術の発展は目を見張るものがある。しかし、所詮はハッカーとの間でのいたちごっこの状態を抜け出すことは不可能に近い。ある会合で情報機器を使った情報伝達の専門家に話を聞いたことがあるが、当人でさえ、自分が機密情報をインターネット等で伝達することには絶対的な抵抗があると断言していた。

最後に、価値観の多様化の問題がある。日本では特にバブル経済の崩壊によって、それまでの会社中心や労働中心的な価値観が大きく揺れ動く事態となった。これまで会社一筋に生きてきた人びとが、いとも簡単にリストラされていく状況は、自分たちが信じていたものは何だったのかという根本的な問いを、各人に強く押し付けるものであった。人が充実した人生を送るためには、何らかの信念、あるいは価値観といったものを持たなければならない。会社中心主義的価値観が崩壊した後に何をその主体と据えるのか。それを模索するためには、これまで置かれていた環境とは異なる環境に身を置いて考えてみることが有効である。

そこで考えられるのは旅である。旅は異なる環境、社会に一時的にでも身をさらすことによって、自分というものを客観的に見直す機会を提供するものである。こうしたなかで、異文化、異空間との触れ合いから新たな価値観が形成され、そこから新たな活力が醸成されれば、社会全体としても非常に望ましい状態となる。

こうしたことは、高齢化が進む現状では特に重視されるべきである。定年後、第二の人生をどのように送るべきかという問題に対処するためにも、高齢者が自由に移動でき、考えるような環境を整えていかなければならないのだ。このことは、後に述べる地域振興ともかかわってくる論点である。

(2) 情報化時代における物流

同時に物流についても考えてみなければならない。

情報化の進展は物流を活発化させるだろう。というのは、情報化によって流通機構が簡素化され、中間業者が排除されて、メーカーと消費者との直接のやりとりの比重が飛躍的に高まっていくことが予想されるからである。消費者は、インターネットなどを通じて直接メーカーに注文を出し、メーカーも直接、消費者に商品を発送する。さらにこうした直販化は、国境を越えて国際的な広がりをみせていく。二四時間、どこでも素早く注文に応じた物やサービスの提供がなされることが、情報化時代の課題なのである。その意味で物流システムこそが、インターネット・ビジネスを支える最も重要なインフラストラクチャーであるといっても過言ではないだろう。

今後の企業戦略にとっては、消費者の需要に素早く応え、商品開発にフィードバックしていくシステムづくりが重要となってくる。そのためにもPOSシステムの最大限の活用が鍵となってくる。このシステムがうまく機能することは、在庫管理技術が飛躍的に向上することにもつながる。これは、日本のバブル期でも注目されたＪＩＴ（ジャストインタイム）システムへと結びついていく。このシステムは、配送の多頻度化によって交通渋滞、排気ガスによる大気汚染など、環境に多くの負荷をかけるものだが、今後の企業戦略にとって不可欠のものとなっていくことは否定できないだろう。

つぎに経済水準の向上にともなって、人びとの物品の品質を評価する能力、いわゆる享受能力が高まってきたことにも注目しなければならない。まだ、経済水準が低い段階であれば、物に対する需要は、当面間に合えば済むものであり、品質などはあまり重視されない。しかし、豊かになってくると本物志向とでもいうべき段階に移行する。このような段階では、多少のコストを払っても良い製品を入手したいと考えるようになる。[2] そうであるならば、企業側から消費者のもとに届ける必要性は、手近なもので済ませてしまう段階に比べて大きく異なってくる。

(3) 情報化時代の地域振興

つぎに地域振興と情報とのかかわりについて考えてみよう。

最近は地方の時代といわれる。これには二つの意味が込められている。一つは中央主体の経済運営ではもはや行き詰まりを打開できないので、地方の発想を最大限に活かそうというものである。地方には、国という立場ではさまざまな拘束に縛られ、実行することのできない対外関係などでもある程度自由に行動することができる。また、制約があるとはいえ、課税など自主裁量権も確保されている。ここに、長びく停滞から突破する糸口を見出そうという期待が生まれるのである。

しかし、もう一つの意味は否定的である。つまり、これ以上政府が地方自治体の面倒を見ることができなくなってきたという決定的なものである。

地方財政は三割自治という言葉があるように、自主財源の割合がきわめて低い状況にある。(3)

こうした周辺環境の変化から、各地方は、そろって地域振興問題に取り組むようになった。しかし、現状では、その内容は非常に横並び的であり、その地方の特徴を活かしつつ、具体的な政策を打ち出しているところは皆無に近いといわざるをえない。

これらの地域振興政策で特に共通して見られるのは観光政策である。なぜなら、観光資源はどの地方にも必ずあり、独自なものでもあり、特別な投資をしなくても手っ取り早く収入を得ることができると考えられるからである。

しかし、どこにでも観光地が存在するがゆえに、さらなる特徴づけや差別化を図っていかなければ、旅行者の関心を引くことはできないだろう。国内における競争は厳しいものがあり、安易な観光政策に頼ることは、他の本質的な地域振興政策の策定・実施に遅れをもたらすことにもつながる。さらに、海外との競争もある。現在の航空運賃は国内よりも国際線のほうが割安感がある。しかも国境を越えるという行為は特別の意味をもつもので、それだけでも国内観光に対して国際観光は比較優位をもつものである。(4)

観光政策の策定において、いかに他の地域との差別化をはかるかという点について、つぎに考えてみたい。

従来よく言及された議論に「内発的発展」というものがあった。つまり、地域のことはその土地に住む人が最も良く知っているのであるから、その地域の開発はその地域の人の主体的な取り組みに委ねるべきであるというものである。これは、当時の大資本による無分別な環境破壊や、無理な開発に対抗する理論として大きな意味をもっていた。しかし、一方でこの議論があらゆる面で過信され、観光政策の立案などにおいても、地元の人間だけによるその立案に全く疑問を感じていない面が強い。

しかし、旅の機能ともかかわってくるが、あるものの良さというものは、それを相対化してみることができて、初めて認識されるものである。その地方の観光資源は、その場所に住む人にとっては日常的なものであり、その素晴らしさはなかなか見えてこないものであるし(5)、その素晴らしさを認識できても、独りよがりなものとなってしまい、旅行者が求めているような触れ合いの欲求と合わない場合も多い。

相対化した視点を得るためには、外部の人材を地域の観光政策に巧みに登用していくことが望まれる。それも、単に外部の人材であればいいというのではなく、高いプロデュース能力をもった人が加わることが必要である。

しかし、現在の状況では、こうしたハイタレント（高い能力をもった）な人が地方のために十分な力を発揮できるような環境にはない。その力を発揮するためには、そうしたハイタレントな人がその場所に定住、あるいは長期にわたって滞在し、その土地の可能性を十分に見極めたうえで、観光政策を立案、実施していくことが求められる。また、地域振興の運動論としても、地域内部の人と外部の人がいかに有機的に連携するかがポイントとなるのである。(6)

一般に、地方では人材不足の問題がある。有能な人材の不足である。(7) 優秀な人材は大都会へと流出していく。それは、大都会には優秀な人にとって最も重要ともいえる、さまざまな情報が集積しているからである。

ハイタレントな人材の地方への定住化を進めようとするのならば、何よりも情報環境の整備を行う必要があるだろう。しかし、ここで誤解してはならないのは、情報環境の整備といっても、それはハードの意味ではないことである。ハード面での環境整備は、公的に行わなくても自然と進んでいくものである。ここでいう情報環境の整備は、ソフトの意味、つまり質の高い、高付加価値の情報にいかに容易に接しうるか、という意味での環境整備である。

ハイタレントな人にとって、高質の情報を駆使できる環境にいることが、その創造性を活かすうえで大きな前提条件となる。それでは、そうした環境づくりとは具体的にはどのようなものなのだろうか。それは、現在の首都圏への情報の一極集中の状況を考えれば、そこへのアクセスを容易にすることがまず考えられるだろう。しかもその移動手段は高速であることが望ましい。ハイタレントな人にとっては、時間の価値も当然高いはずだからである。

そこで、高速交通手段の代表たる航空のもつ意味が、地域振興にとってても重要であるということになる。ただし、闇雲に空港を作って飛行機を飛ばせといっているのではない。現在、各地域には拠点空港がすでにある。そこまでのアクセス体系を効率的に構築すればよいのである。そうした方向に発想を転換すれば、現在でも単なる税金の無駄使いだと批判されている地方空港を取り巻く状況が、さらに悪化するであろう。

このように、首都圏、大都市圏とつながることは心理的な効果もあろう(8)。それは、高齢者のノウハウの活用ということを考える上で重要な問題である。

経済の考え方のなかに産業の高度化というものがある。経済が成熟していくにつれて、主たる産業は、農業や漁業など、自然をそのまま扱う第一次産業から、工業である第二次産業、サービス業を主体とする第三次産業へと移行していくということである。そして、日本も本格的に第三次産業主体の産業構造になってきている。

第三次産業において競争力を形成するのは、さまざまな熟練に基づく技能(ノウハウ)である。そして、そのノウハウを生み出すのが経験である。つまり、これからの第三次産業において、経験の重要性は高まってくるのである。そこで、この経験を最も有する高齢者を、どのように活かしていくかということが、今後の社会の活性化の鍵となるのである。

こうして考えてみると、これからの高齢化社会の到来は一概に問題視すべきものではなく、方法論によっては、ノウハウを活用して、充実した豊かな社会への道を切り開くことができ、前途は明るいものとなってくるだろう。

そこで、高齢者のノウハウを活かすためには、特に都会などで貴重な経験をもつ人を、定年後、地方に移住させ、地元の人との協力のもとに、何かに打ち込める環境を整えなければならない。

このUターン、あるいはIターンについて、日本リサーチ総合研究所が行った調査によると、Uターン、Iターンを試みる場合に最大のネックになるのは、配偶者の反対であるとされている。それゆえ、配偶者対策として、前記のような大都市との交通整備をはかることは、彼らにいつでも戻れる環境をつくり機会を与えることで、心理的な障壁をとり除く工夫が求められるのである。

以上、述べてきたように、地域振興における交通の意味は、単に観光政策のためだけではない、奥深い意味があるのである。その点を考慮して、議論を展開していかなければならない。

2　規制緩和政策の進展と一般財源への切り換え

つぎに財源面から、交通整備の問題について考えてみよう。

日本の財政はバブル経済崩壊後、バブル発生以前よりも、深刻な窮迫、危機的状態を迎えている。

現在の財政赤字の大きさは累積債務残高でみると、中央、地方を合わせて約六〇〇兆円を超える規模にまで膨れ上がっている。

さらに先に述べたように、現在、日本は大きな構造変革期を迎えている。また、高齢化はいっそう進展し、福祉のための財源をどのように確保していくのかが重要で、かつ深刻な課題となっている。同時に世界が情報化への対応を進めているなかで、日本だけがそれへの対応を怠ってしまえば、長期にわたって日本は大きなハンディを背負い、停滞を余儀なくされるであろう。

このように財政窮迫のなかで、新たな財政需要が急激に膨れ上がっているにもかかわらず、財政の支出構造は依然として垂れ流し的なものであり、全く事態の重大さを認識していないように思われる。

その無駄遣いともいえるものの最たる一つとして、空港建設問題がある。地方空港は、これまでの空港整備計画である程度整備されたものと見なされるが、整備新幹線論議と同様、地域振興施策の切り札的にとらえられており、一県一空港どころか、きわめて狭い範囲のなかで複数の空港を建設しようという計画が未だに目白押しである。また、首都圏においても、現存の空港を最も効率的に活かそうという検討を十分にしないままに、新規建設にともなう経済効果を見込んで、新たに大規模空港を建設しようとしている。その根拠は、周辺アジア各国が大型空港を建設しているなかで、このままでは日本の経済的地位は、空港機能が不十分なために、低下してしまうというのである。

しかし、それは本当に妥当なのか。その因果関係はきわめて曖昧なままに残されており、説得力に乏しい。また、地方空港の場合を含めた本質的な動機といえる空港建設にともなう経済効果については、事前の調査等を勘案しても、空港建設がただちに地元経済の浮揚に直接結びついていく可能性は乏しい。各地の空港づくりを主体とした地域振興政策が、多くの場合機能していないのが現状である。むしろ、建設負担のみが残るといった、負の効果のほうが大きくなる場合が多いといえよう。

こうした財政の無駄遣いを排し、効率的に財政を支出していくためには、たとえば公共事業については、その優先順位づけを透明なプロセスで公的に決定していくシステムをつくることが不可欠である。このためには、何らかの形で国民が広く、この意思決定過程に参加できるような体制づくりをしなければならない。ただし、決定プロセスが長期化すれば、効果的な建設時期を逸して、大きな問題を引き起こすことになりかねない。そうした状況を考慮しながら、国民に対する透明性を確保する過程で、その意見の一端も生かしうるような工夫が必要である。

3　「交通権」という概念の見直し

効果的な交通整備を考えていくうえで重要な概念となるのが、「交通権」である。「交通権」という概念は以前から存在していた。しかし、従来の概念は主にバリアフリー的なものであった。つまり、移動に関して身障者や高齢者など、何らかの肉体的制約のある者を「交通弱者」と位置づけ、そうした人たちの移動可能性をいかに広げていくか、ということが主たる関心事になっていたのである。

◎交通権憲章の内容

交通権とは、「国民の交通する権利」であり、日本国憲法の第22条（居住・移転・職業選択の自由）、第25条（生存権）、第13条（幸福追求権）など、関連する人権を集合した新しい人権である。すなわち、現代社会における交通は、通勤・財貨輸送などの生活交通はもちろん、物流・情報など生産関連交通、旅行などの文化的交通、さらに災害援助の交通など広範にわたるため、国民が安心して豊かな生活と人生を享受するためには交通権の保障と行使が欠かせない。もちろん交通権の行使には、交通事故や交通公害など他者の権利の侵害を含まないし、長距離通勤などの苦役的移動からの解放も含まれる。

このように交通権憲章では、かなり広義に交通権というものをとらえている。本書での見解に沿うものである。ただし、ここで強調するような、情報化社会の到来における新たな交通の役割という観点はやはり織り込まれてはいない。

ちなみに、交通権憲章の内容は以下のとおりである。

その後、「交通弱者」という呼称の適切性が問題となり、「移動制約者」という呼び方に換えられたが、交通権をめぐる考え方自体は変わるものではなかった。

一九八六年に、「交通権を考える会」が改組されて発足した交通権学会は、一九九八年、「交通権憲章」を発表した。その前文において、交通権はつぎのように規定されている（一二九ページ）。

交通権憲章

第１条　平等性の原則
人は，だれでも平等に交通権を有し，交通権を保障される。

第２条　安全性の原則
人は，交通事故や交通公害から保護されて安全・安心に歩行・交通することができ，災害時には緊急・安全に避難し救助される。

第３条　利便性の原則
人は，連続性と経済性に優れた交通サービスを快適・低廉・便利に利用することができる。

第４条　文化性の確保
人は，散策・サイクリング・旅行などを楽しみ，交通によって得られる芸術鑑賞・文化活動・スポーツなど豊かな機会を享受できる。

第５条　環境保全の尊重
国民は，資源を浪費せずに地球環境と共生できる交通システムを積極的に創造する。

第６条　整合性の尊重
国民は，陸・海・空で調和がとれ，しかも住宅・産業施設・公共施設・都市・国土計画と整合性のある公共交通中心の交通システムを積極的に創造する。

第７条　国際性の尊重
国民は，日本の歴史と風土に根ざした交通システムの創造と交通権の行使によって，世界の平和と福祉と繁栄に積極的に貢献する。

第８条　行政の責務
政府・地方自治体は，交通に関する情報提供と政策決定への国民の参画を通じて，利害調整に配慮しながら国民の交通権を最大限に発展させる責務を負う。

第９条　交通事業者の責務
交通およびそれに関連する事業体とその従事者は，安全・快適な労働環境を実現し，その業務をつうじて国民の交通権を最大限に保障し発展させる責務を負う。

第10条　国民の責務
国民は，交通権を享受するために国民の交通権を最大限に実現し，擁護・発展させる責務を負う。

第11条　交通基本法の制定
国民は，交通権憲章にもとづく「交通基本法」（仮称）の制定を国に要求し，その実現に努力する。

ここでは、つぎにみる「交通基本法」が含まれているが、これは後から付け加えられたものである。日本で最初に「交通基本法」が取り上げられたのは、一九八五年に交通権を考える会が発足された時の特別報告であったとされている。(9)

二〇〇〇年一〇月に出された交通政策審議会答申では、交通のユニバーサリティという言葉で概念の拡張がなされている。しかし、いまだ交通権という言葉が市民権を得ている状況にはない。(10)

ここで改めて、人が移動するということの意味を考えてみよう。移動の確保は、人間の根本的な権利である基本権とともに、前記の交通権の定義にも示されているように、社会の成熟にともなって問題となってくる社会権の保障にも重要なベースを与えるものである。たとえば、移動の自由が確保されてはじめて居住地選択の自由、職業選択の自由、教育を受ける自由などが保障される。また、先述のとおり、豊かな社会の現出のためには、移動の自由の確保は不可欠なのである。

しかし、前述したように、必要だからといって無条件に何でも公的に整備していくことはできない。そこでは、どのように整備すれば最も効率的な交通体系を構築できるかという総合的な指針が必要である。そのための法律が総合交通法規と呼ばれるものである（いわゆる交通基本法）。しかし、日本では、まだこの交通基本法はない。

4　交通基本法の制定の必要性

日本では、いまだに各交通機関別にそれを取り締まる法律（個別事業法）は揃っているものの、それをまとめあげる上位法たる基本法が存在していない。そのため、特に交通分野においては、利権も絡み、過剰投資、重複投資が頻繁に行われている。[11]

これに対し、欧米の諸外国では早い段階から、こうした総合交通法規の制定を実現している（表5−1）。

以下では、その代表的なものとして日本でも頻繁に紹介されるフランス、イギリスの場合を見てみよう。

フランスの国内交通基本法

フランスでは、一九八一年に政権に就いた社会党により、一九七〇年代から始まっていた公共交通整備および利用促進型政策がさらに推し進められることになった。そして、一九八二年に国内交通基本法（LOTI：la loi d'orientation des transports interurs）が制定された（一四六ページ参照）。

この法案の国会上程に先立ち、当時の運輸大臣であるシャルル・フィルマンは、「新しい交通政策を目指して」（Une nouvelle politique des transports）と題する論文を『ル・モンド』誌に発表している。そのなかで、彼は国内交通基本法策定の目標として、左記の四つをあげている。

i　人間性豊かな社会進歩に参加すること

ii　社会的効率性を確保すること

iii　空間の整備に資すること

iv　計画化と民主主義を調和させること

表5－1　諸外国の交通総合法規

国　名	制定年	名　称
ノルウェー	1979	総合交通計画
フランス	1982	国内交通基本法
スウェーデン	1988	交通政策法
オランダ	1990	第二次交通構造計画
アメリカ	1991	総合陸上輸送効率化法（ISTEA）
ドイツ	1992	連邦交通路計画
イギリス	1998	新交通政策

そして、実際のフランス国内交通基本法のなかでは、こうした理念を具体的に盛りこみながら、法律化を図っている。そのなかでも特に注目されるのは交通権の設定である。ここでは、交通権は以下のように定義されている。

「交通権は、誰もが容易に、低コストで、快適に、同時に社会的コストを増加させずに移動する権利である。」

この交通権の性質は、将来の社会において問題化することが予想されているモビリティーの見地からのナショナルミニマムを、一部の身障者や高齢者に限定しない、全国民を対象に拡大したものであり、公平の政策理念を基調とした、基本的人権の保障の色彩の強い理念であると考えられている(12)。また、社会的コストという文言を織り込んでいるところが注目される。

その他のキーワードとしては、つぎのものがある。

◎相互補完アプローチ

この概念に基づき、交通システムの構成指針として、道路・鉄道・航空から自転車・徒歩に至るすべての交通手段を組み入れての一体的運用が図られることになった。いわゆるモーダル間協調の考え方である。

◎経済社会効率

それまでの収益性評価方式は公共サービスの後退を招くものとして退けられ、代わりに、経済的・

社会的効率に基礎をおく新しい評価原則が導入された。先に触れたコストの問題である。この点をどのように捉えていくかということを、現在の日本にあてはめて考えてみることが、非常に重要である。なぜならば昨今、日本でも、この評価をめぐり大きな問題となっているからである。

このように、フランスではすでに一九八〇年代初頭において、今日の日本が押し進めようとしている政策のモデルがすでに法文化されていたのである。

イギリスの新交通政策

イギリスでは一九九八年七月ブレア労働党政権下で、イギリスの新交通政策に関する白書 *A New Deal for Transport : Better for Everyone* が発表された。これは、二〇年ぶりの労働党政権下での初めての白書である。その内容は、きわめて広範囲の内容をカバーするものである。

これは法律ではないが、交通憲章同様、交通というものを国としてどうみているのかを、公的立場から具体的に示すものとして非常に注目されるものである。

前書きのところでは、この白書の主たる狙いとして、「選択肢を改善することにより個人の選択の幅を広げること、及び長い期間にわたり持続可能な交通を確保することにある」としている。そして、第一章の「新たな交通政策」のなかでは、以下のように詳しく述べられている。「公共交通の民営化と規制緩和は、この一〇年の鍵となる特徴だった。しかし、公共交通網を破壊し、公共の利害を無視することにより乗客を失った。このことが、我々が渋滞や汚染と戦う総合交通政策を約束する理由である。我々はこの白書で総合交通政策を宣言する。如何にして、交通に係る選択を拡げ、持続可能な発展を支援する輸送を確保するかを説明する。それが安全で効率的でクリーンで、公正な交通システムである新交通政策なのである。」そのなかでも特に印象的なフレーズとしては、「プライオリティは、新たな道路整備よりも、既存道路の維持に置かれる」というのがある。

さらに新交通政策のポイントとして、つぎの四項目をあげている。

① 異なるタイプの交通間の連携　各モードの可能性を完全に引き出し、人びとのモード間移動を容易化

② 環境との連携　交通の選択により良好な環境を形成

③ 土地利用計画との連携　全国、地方及び地域の各レベルで、交通と土地利用計画が相俟って、より持続可能な移動手段が選択され、また移動の必要性を低減

④ 教育、健康及び富の創造のための施策との連携　交通が、より公正で参加可能な社会を実現

イギリスの場合は、フランス国内交通基本法に比べて、環境面に大きな比重を割いているところに特徴があろう。これはまさに、時代状況の違いを反映して注目すべき点である。

おわりに

以上、交通をめぐる諸環境の変化を捉えたうえで交通の今日的意義について再検討を行い、その整備のあり方について交通基本法制定の必要性を論じ、その指針を探るため具体例として、フランス、

イギリスの場合を簡単に紹介した。

最後に、早急に取り組まなければならない課題を強調するならば、それは交通の今日的役割を見直すなかから交通権というものを改めて定義し、公的に確立することであろう。そして、そこから展開される視点は「モーダル間協調」であろう。

効率的な交通体系の構築にとってキーワードとなるのが、モーダル間協調である。モーダルとは交通機関のことであり、それをどのように組み合わせれば最も経済的かつ社会的厚生も高くなるかという議論である。

このモーダル間関係の議論は、主に環境対策とのかかわりについて行われてきた議論である。しかし、財政危機の状態にある現在の日本では、環境対策ということも主眼に入れながら、同時に重複投資を避け、いかに経済的に効率的で、かつ社会的にも効率的な交通体系をつくり上げていくかということを重視することが求められよう。この経済的効率ということを考えるならば、モード間の役割分担を進めながらも、いかに競争の余地を残し、効率を高める工夫をするかということも考慮されなければならない。

る。時宜を得たものである。前政府はグリーンペーパーの中で，従来のように，自動車交通の増加に対応した新たな道路を建設し続けられないことを認識していた。気候変動に係る目標を満たすための新たな責務に鑑み，新たな取り組みの必要性は緊急のものである。

自家用車の利用者が，公共交通が相当程度良好でより信頼できるものにならない限りこれに振り替えないことは，自動車を運転する者として自分も認識している。この白書の主たる狙いは，選択肢を改善することにより個人の選択の幅を拡げること及び長い期間に亘り持続可能な交通を確保することである。

公共交通が良くなれば，より多くの人が利用するようになる。しかし，自動車は，依然，多くの人々の機動力として重要であろうし，自動車所有者の数は引き続き増加するであろう。そのため，我々は自動車利用者のカーライフもより良好なものにしたい。プライオリティは，新たな道路整備よりも，既存道路の維持に置かれるし，また，信頼度を高める良好な道路網の管理に置かれる。

より多くのバス専用レーンは，適正に規制されることにより，バス輸送をより速く，信頼できるものにするだろう。バス利用者の少しの増加であっても，新たなバス車両や新規の，そしてより頻度の高いサービスへの投資をより高いレベルで可能とし，バス産業の経済状況を改善するであろう。

この白書は，単に国の政策に関するものだけではない。地方の交通計画は，地方議会，企業，事業者，利用者のパートナーシップを創造するであろう。例えば，より安全な通学路に関する地区のイニシアティブは，子供達に自分達で通学させることへのより大きな安心を親に与えることになるであろう。駐車場やバスターミナルにCCTVカメラが設置されれば，利用者，特に女性にとって，一層の安心感を与えることになるだろう。

我々は，人々に，自動車の利用を少し控え，公共交通の利用を少し増やすよう説得しつつ，いかにして渋滞や汚染と戦うかについて困難な選択を行わなければならなかった。そして，より良い交通のため，交通から資金を生み出す新たな創造力に富む方法を考え出したのである。

これこそが，我が国が求めている私が信ずる新交通政策である。

この前の交通白書は，一世代前のものであった。しかし，経済や技術，そして交通や環境に対する意識は，新たな白書までの一世代を待てないほど速く変化している。新たな総合交通委員会は，交通利用者，民間，地方当局，その他の者とともに大臣への勧告をまとめるであろう。

この白書は，交通に可能な限り最も高いプライオリティを与えるとの政府の公約を反映している。我々は今，企業，個人，労働者，地方当局が，英国における持続可能な交通のための新たな未来を我々とともに築いていくことを期待する。

ジョン・プレスコット（英国副首相兼環境・地域・交通省担当大臣）

出所： 運輸省運輸政策局監訳『英国における新交通政策』運輸政策研究機構 1999年

は，関係市議会の意見を徴したのち，都市交通の地域内に含まれる一部地域または全域に対し，都市交通の整備を担当する所轄庁が，これを作成する。

都市内のモビリティ計画は，都市交通の地域内における輸送網整備，交通及び駐車に関する一般原則を定める。この計画は，一層合理的な車両の利用を目指し，かつ，歩行者，二輪車及び公共輸送の円滑な位置付けを図るものとする。本計画には，資金調達手段の調査並びに本計画に含まれる諸対策の運営費の補塡手段に関する調査も含まれる。計画は，一般住民も対するアンケート調査に拘束されるものとする。

都市内のモビリティ計画が，一都市だけに限られる場合，市議会でこれを議決する。モビリティ計画が，都市交通の地域内にある数箇所の都市行政区域を含む場合，計画は，市議会の同意を得たのち，パリ又は地方都市の公施設の審議機関でこれを議決する。

都市内のモビリティ計画の細目については，都市交通の整備を担当する所轄庁及び都市交通の地域内の交通警察ならびに道路管理当局によって実施される。

都市内のモビリティ計画の内容と作成手続き，内容の審議と承認，その施行条件は，コンセーユ・デタの命令によって，これを決定する。

第3章　都市を除く道路旅客輸送（省略）

第4章　道路貨物輸送（省略）

第5章　河川輸送（省略）

第6章　航空輸送（省略）

第3編　雑　則（省略）

参考3　英国における新交通政策

A New Deal for Transport: Better For Everyone

新交通政策　ひとりひとりにより良く

交通の将来像についての政府白書

前書き

今や，交通政策の抜本的な改革が世論となっている。前政府のグリーンペーパー（国会などでの議論の材料とするための政府試案を述べた文書）は，公共交通の改善と自動車依存の軽減が必要との認識への道を拓いた。英国中の企業，労働組合，環境団体そして個人がこの分析を共有している。

この白書は，その礎の上に構築されている。

この20年間，民営化，競争，規制緩和といったイデオロギーが交通政策を支配していた。交通量の増加が一層の渋滞と環境汚染の悪化をもたらす間に，バスや鉄道事業は衰退してきた。

この白書は，我々が継承してきた渋滞や汚染の問題に取り組むための，より良好で，より総合的な交通システムの創造に関する宣言であび県交通委員会は，国家の権限に属する国内交通政策を作成，実施するために協力するものとする。これらの機関は，交通体系及びこれを構成する諸交通機関の組織及び機能に関する諸問題について政府当局から諮問を受けることが出来る。全国運輸委員会は交通の発展及び交通基礎施設の全国的整備計画について諮問を受ける。

第18条　全国運輸委員会は次の代表によって構成される。

① 国会及び地域圏レベルの地方公共団体
② 輸送業務に携わる企業
③ 交通労働者の全国的組合
④ 利用者の代表者
⑤ 国
⑥ 専門的知識を有する学識経験者

地域圏及び県交通委員会は，輸送業務に携わる企業，その労働者，利用者，国及びその専門知識を有する学識経験者の代表で構成される。

地域圏，県及び都市交通の整備を担当する所轄庁は，これらの機関からの要請があるときは，地域圏交通委員会の作業に参加することができる。県及び都市交通の整備を担当する所轄庁は，同じ条件で県交通委員会の作業に参加することができる。これら2つの場合においてこれらの機関は，参加する委員会に対して，これら機関の固有の権限に属する諸問題を提起することができる。

制裁，特に本法で規定する登録簿からの削除措置は，地域圏交通委員会の中に創設され，司法官あるいは行政官によって主宰される行政懲罰委員会の意見を受けた後に言い渡される。この委員会に対する訴訟手続きは対審的な性格を有する。

コンセーユ・デタの命令は，これらの機関の構成及びその権限を明確にする。命令は機関及び運営に関する規則並びに各活動分野に属する企業によるこれら機関の運営費負担方式を決定するものとする。

第2編　交通機関別特別規則

第1章　鉄道輸送（省略）

第2章　都市旅客輸送

第27条　都市交通の地域は，地方都市の行政区域または公共旅客輸送を整備する任務を課されたパリ又は地方都市の公施設の管轄区域よりなるものとする。市長または公施設の長の要請に対し，政府の代表は，県の交通計画に関する場合，県議会の意見を徴したのち，本地域設定に関して決定を下す。県議会の意見は政令で定める期間内に提出しなければならない。

海外の県では，政府の代表は，市長または公施設の長の提案に基づき，都市の一部地区を除いた地域に対し決定を下すことができる。

都市交通の地域は，公共旅客輸送に対し共通するサービスの整備を決定した。隣接数都市の行政地域を含めることもできる。この地域の新設及び境界の確定は，関係都市の市長の要請に対し，県議会の意見を徴したのち，政府の代表が，これを決定する。

都市交通地域の範囲内で，都市を除くローカルの旅客公共道路輸送に関して，公施設の長は都市交通の整備を担当する所轄庁と合意の上，新設または変更を行う。

第28条　都市内のモビリティ計画

労働監督官を議長とする。

コンセーユ・デタの命令により，本委員会の権限を明らかにし，かつその構成及び運営方法を定める。

第3章　交通基礎施設，設備及び車両

第15条　全部又は一部が公的資金の調達を要する交通基礎施設，設備及び車両に関する選択は，これらプロジェクトの経済的及び社会的効率には，利用者の需要，安全上の要請，国家計画及び国土整備政策，国防上の必要性，国内及び国際運輸量の予測にあらわれる変化，財務費用，並びに一般的に述べるならば，経済的輸送費用及び社会的費用が考慮される。

大規模な交通基礎施設プロジェクトの評価基準は，同種の交通機関内における比較及び異種の交通機関又は複合輸送における輸送機関の間における比較を可能とする均質的な基準とする。これらの評価は，関係プロジェクトの最終決定以前に公表される。これらのプロジェクトが公的資金の援助によって実現された場合，その営業開始後5年以内に経済的及び社会的成果の明細書を作成し，これを公表する。

全国及び地方の経済計画及び整備に関する基本方針の枠内において，交通基礎施設の整備計画はそれぞれ次のように作成される。

① 地域圏と協議のうえ，国により作成されるもの

② 及び，地域圏レベルの地方公共団体，又は，その連合によって次の目的のために作成されるもの

主として異種交通機関について決定された交通網に関する長期にわたる一貫性の確保。

及び，交通網の近代化，改良及び拡張に関する優先順位の決定。

交通基礎施設の整備及び実現のため，国と県・市町村レベルの関係地方公共団体との間において契約を結ぶことができる。

コンセーユ・デタの命令により下記の各号についての明確な規定を設ける。

① 基礎施設及び工作物の選定

② 本条の第2項に規定する調査方法

③ 整備計画及びその実施方法に関する規則

第16条　所轄庁，免許受領人又は代表企業主（注）は，基礎施設の新設又は在来基礎施設の改良上必要な資金調達手段の取りまとめの任務を負う。資金調達上必要あるときは，公法人及び企業又は利用者の分担額が，補助金又は協力資金の形で交付される。同様にして基礎施設の利用者を除き，その利益を享受する様々の範疇に属する人々も，法律上の特例によって，この資金調達への参加が要請される。

所轄庁は，同様にして運営及び保守に関する資金調達方法を決定する。関連している基礎施設及び設備の使用に当たっては，交通政策の一般目標の実現に貢献する料金，使用料又は運賃を徴収することができる。

（訳者注）企業主：工事請負契約の発注者又は自ら工事を行うもの。

第4章　制　　度

第17条　全国運輸委員会，地域圏及

れる。この報酬はその受益者が負担する。

第2章　労働条件及び安全条件

第9条　国は，交通に適用すべき労働規制並びに安全規則及び技術監督規制を制定し，かつ，これらの規制及び規制の実施を監視する。

輸送業務の実施は，営業用と自家用とにかかわりなく，労働及び安全条件に関する規制に違反する条件の下に行われてはならない。荷送人，運送取扱人，運送具賃貸人，委託人，荷受人又はその他全ての指図人は，自己の責に帰すべき事項に反するときはその責任を負う。

運送契約及び労働契約の条項中，特に，労働時間及び認可運送時間の超過を直接・間接に促すことによって安全を損なうような性格をもつ基本報酬又は付随的報酬を規定する条項は当然無効とする。

第10条　運転及び労働時間に関する労働法典の規定は，運転又は操縦を任務とする常用労働者及びこれに準ずる人々に適用する。

労働時間及び運転時間に関する規制は，技術，経済及び社会条件の進歩並びに下記の各号により受ける特殊な負担を考慮する。

①　交代勤務制度の不規則性
②　場所及び時刻表による拘束
③　並びに運送旅客及び第三者に関して負担する責任

常用労働者以外の労働者に関しては，運転又は操縦及び附帯的操作にあてられる時間並びに休憩時間は，安全上の要請を考慮した特例により規定される。

第12条　運転もしくは操縦の任務を負う常用労働者並びにこれに準じる人々の労働時間には，運転時間及び政令により定められた条件の下において使用者の掌握下に置かれる時間が含まれる。

第13条　当事者及び第三者の安全を維持するため，国は運転又は操縦の任務に就く人々の健康上の適格性を監督するか，又は監督を行わせ，かつ又，不適格者予防対策を奨励する。

運輸企業又は運転手もしくは操縦者付き道路車両賃貸者の常用労働者のうち，医学的認定を受け，かつ，関係者の自発的又は故意の行為に由来しない永続的就業不適格者に対しては次の権利が与えられる。

①　金銭給付及び場合による現物給付を含む特別保護制度の享受
②　補充的養成訓練を受けた後の職場復帰

これらの制度は，企業及び常用労働者の分担金により賄われれ，それらの代表により管理され，かつ，国の承認を受ける。

コンセーユ・デタの命令によって，本条の適用条件を明確にし，また，必要あるときは，前項に掲げた制度を制定する。

第14条　各県内には，下記の事項に関する規定の適用を監視する諮問委員会が設置される。

①　運転の安全。
②　運輸部門における運転及び操縦を任務とし，県内の事業所に所属する従業員　の労働時間

この諮問委員会は，使用者及び常用労働者の各組合機構による労使同数の代表を以って構成され，

国及び地方公共団体によるほか，法的な特例により，輸送サービスの利用者を除く直接・間接にサービスの利益を受けるその他の公的，私的受益者により確保されるものとする。

運賃政策は，交通体系が経済的及び社会的見地から十分に利用されるように，所轄庁により決定される。

所轄庁は，価格に関する国の一般権限を保留した上，運賃の決定または認可を行う。

公法人と企業との間において締結された全ての契約又は協定に基づいて，公的資金の交付を約束し又は公的財務保証の引き受けを行うものについては，当該公法人が約束もしくは保証を行った資金の使途についての監督条項を設けるものとし，この条項の定めのないときはこの契約又は協定を無効とする。

第8条1　公共貨物輸送人，道路車両賃貸業者及び補助運送業者の営業は，コンセーユ・デタの命令により定められた限定条項に従い，下記の各号を満たすものとする。

①　職業資格証明書の交付

②　国の所轄庁の登録簿への記載

③　及び，場合により財務保証条件

これらの企業は，運輸，労働又は安全に関する規則に対して重大な又は繰り返し違反のある場合には，登録簿から抹消される。本条の規定の発効日に登録簿に記載される企業の登録は有効とみなされる。本条の発効日における運送取扱人の免許所持者は，当然，この登録簿に登録されるものとする。

前項の適用に当たって，他人のために，積み合わせ貨物及び貸切貨物輸送を行う者又は貨物輸送の実施に当たって，その他全ての関連作業に従事する者は，補助貨物運送業者とみなされる。

2　公共貨物運送契約はすべて次の各号を明示する条項を含まなければならない。

①　運送の性質及び目的

②　本来の意味の運送に関するサービスの実施方法及び運送物品の集貨及び引渡し条件

③　荷送人，運送取扱人，運送人及び荷受人

④　運賃並びに予め決定された諸料金

前項に規定された事項に関して，契約当事者の関係を明記した協定がないとき，典型契約の条項が当然適用される。これらの典型契約は，関係業界機関及び全国運輸委員会の意見を徴した後，政令により制定される。

3　運賃及び賃率は，経済的輸送費用が，これに該当する輸送サービスの利益を享受した企業又は個人の負担となるように決定する。

このため国は，企業，関係産業界及び利用者と協議のうえ，運賃に関する規則を定めるものとする。

臨海港湾発または着輸出入貨物の運送手続きに関する適用規則は，これらの手続きが国際総合一貫輸送（une chaine de transport international）に組み込まれる場合には，これらの手続きについて特定された諸条件を考慮する。

4　補助運送人の報酬は，実際に遂行されたサービスに応じて定めら

共団体との間で契約を結ぶことができる。

第5条 公共輸送サービスに関する旅客及び貨物の輸送を整備し，かつ促進するため，公権力に対して次の使命の全てが課せられる。

① 交通関係基礎施設及び設備の整備並びにこれらの標準的保守・運営及び保安条件を維持しつつ利用者へ提供すること。

② 交通に関する諸活動の規制及びその適用についての監督並びに国防のための輸送の整備

③ 交通体系に関する情報活動の展開

④ 交通体系に割り当てられた諸目標の実現を促進する研究・調査及び統計作成の実施

⑤ 公共輸送の整備

前記の使命の実施は，本法律の規定に従ってその実施を担当するか又は実施に参加する民間企業もしくは公企業と連携して，国，地域圏レベルの地方公共団体及び地方公施設によって保証される。

前項の公共当局と公共運輸企業との関係は，主として輸送機関により，また旅客もしくは貨物による輸送活動の性質により相違する。

公法人又は私法人が自己の責任において遂行する輸送を除き，旅客又は貨物輸送はすべて公共輸送とみなす。

第6条 公共輸送の運営条件，特に適用運賃及び賃率の設定並びに運送契約の条項は，標準的な組織及び生産性の下に遂行したサービスの実質を償うこととし，運送人の適正報酬を可能とするものとする。

第7条1 公共旅客運輸企業は，国の所轄庁の扱う登録簿に記載されなければならない。この登録簿への記載は，コンセーユ・デタ(注)の命令の限定条項に従って，職業資格証明によるほか，必要によっては財務保証条件を適用する事ができる。運輸・労働又は安全に関する規則に対して重大な又は繰り返し違反のある企業は登録簿から抹消する事ができる。本条の規定の実施日に登録簿に記載される企業の登録は有効とする。

（訳者注）コンセーユ・デタ(Conseil d'Etat)：フランス政府の行政上の諮問機関として政府提出の法案作成を担当すると共に，最高行政裁判所の機能をもつ重要な国家機関。一般に国務院又は参事院と訳されている。

2 国並びに与えられた権限の範囲内において地域圏レベルの地方公共団体又はその連合は，定期公共旅客輸送を整備する。この輸送サービスの実施は，商工業的性格をもつ公共サービス形式による公法人の直営とするか，又は期間を定めた協定を所轄庁と締結した企業が行う。この協定は本サービスの一般施設構成・運営及び資金調達条件を定める。協定は，交通権の効果的実施を促し，かつ公共旅客輸送を奨励するため，当事者の双方が着手すべき活動を明記する。登録簿から抹消された場合には，協定は当然解消される。

3 交通網の整備を担当する当局により決定された定期公共旅客輸送サービスの資金調達は，利用者により確保される。場合によっては

記の事項を実効するものとする。

① 全ての利用者のもつ移動する権利及びこれに関して交通機関を選択する自由。

② 並びに，その財貨の輸送を自ら実施するか又はこの輸送を自己の選択する交通機関もしくは運輸企業へ委託するにあたって全ての利用者に認められる権利。

第2条　交通権の漸進的実施に伴って，利用者の移動は，次の各号に関して合理的条件の下に置かれるものとする。

① アクセス

② サービスの質

③ 運賃

④ 共同社会の負担となる費用，特に公共輸送機関の利用による費用。

このような意図の下に，移動が制約されている人々のために特別措置をとることができる。

不利な社会的環境に置かれた人々，特に島嶼及び都会からの遠隔地もしくは本土の交通不便の僻地に住む人々に対しては，この種の状況に適した想定を設けることができる。

交通権は，利用者に供されている交通機関及びその利用方法についての情報を受ける権利を含む。

第3条　旅客及び貨物運輸政策は，下記各号に関して各種の個別及び公共輸送機関のもつ長所及び短所を考慮しつつ，各輸送機関の調和及び相互補完関係を達成し，その発展を図る。

① 地域圏の発展

② 都市の整備

③ 環境保全

④ 国防

⑤ エネルギーの合理的利用

⑥ 安全

⑦ 及び上記各項目の特殊性

本運輸政策は，次の費用を考慮する。

① 交通に関する基礎施設・設備及び車両の新設，保守及び利用に関係のある直接費用，並びに，

② 利用者及び第三者の負担となる社会的費用（通貨による表示が可能な費用及び表示が不可能な費用を含む)。

この運輸政策は，主として運営及び利用条件を調和しながら，交通機関相互間及び企業相互間の公正競争基盤の確立を図る。

本運輸政策は，主として交通基盤施設の選択において，かつ又，協同一貫輸送の合理的発達によって，交通機関及び諸企業の相互補完性及び協力を促進する。

本運輸政策は，欧州共同体の共通運輸政策の発展及び改善に貢献する。

第4条　上記の旅客及び貨物運輸政策の策定及び実施は，地方分権及び契約並びに民主化に調和する計画の枠内において，全ての関係者の代表の参加の下に，国と地域圏レベルの関係地方公共団体との協力によって行われる。

本運輸政策は，全国計画の枠内で扱われれ，全国及び地方の整備方針を考慮したうえ，インターモーダル・アプローチを基礎とする交通発展についての整備計画を作成する。

公共旅客輸送機関の利用拡大を優先的とし，この利用を奨励しなければならない。この目標実現のため，国と地域圏レベルの地方公

享受できるよう，交通に関わる諸施設を整備，改善しなければならない。

第８章　交通整備財源について

第18条　財源の一元管理

整備財源は事業単位ではなく，一元的に管理され，支出されることを基本とする。

第19条　財源配分方式

財源配分の決定，優先順位付けについては，確立された公的な評価方式をもって行うこととする。その決定過程の詳細については公開されなければならない。

第20条　整備方式の多様化

整備方式については，交通政策策定委員会の助言をもとに，多様な手段を考慮に入れ，最も合理的かつ効率的なあり方を模索する。また，その適合性については定期的に見直す。

第９章　交通政策策定会議の設置

第21条　交通政策策定会議の設置

総合交通体系樹立のための基本的な政策および計画の策定，実施状況，事後評価，ならびに安全対策，交通労働者の労働条件，技術開発等について調査・審議し，政策立案を行う交通政策策定会議を設置する。

第22条　交通政策策定会議の構成

交通政策策定会議は政府から独立した機関とし，その構成員は，政府代表者，事業者代表者，交通労働代表者，利用者代表者から各々同数，明確な選定基準に基づいて選出される。議事は公開される。任期は２年とし，再任は２回までとする。

第10章　統計・報告

第23条　各種統計の作成と公開

国は，交通に関わる各種統計を定期的に整備し，報告，公開する最終的義務を負う。地方公共団体，事業者は，上記統計等の作成に対し，全面的に協力しなければならない。

参考２　フランス国内交通基本法

（1982年12月30日付法律第82-1153号）

国民議会及び上院における審議を終了し，国民議会が可決し，憲法評議会が憲法に適合する旨を表明した本法の内容をフランス共和国大統領により次の通り公布する。

第１編　各種交通機関に適用すべき総則

第１章　交通権及び国内交通に適用すべき一般原則

第１条　国内交通体系は，共同社会にとって最も有利な経済的及び社会的条件の下に利用者の必要を満たさねばならない。この交通体系は，国民の団結及び連帯，国防，経済的及び社会的発展，均衡のとれた国土整備並びに国際交易，特に欧州域内交易の発展に貢献するものとする。

これらの要求を満たすため，下

第５条　地方公共団体の責務

地方公共団体は，地域内交通を確保するため，国の施策に準じて施策を講じ，財源の確保を含みこれを実施する責務を有する。

第６条　交通事業者の責務

車輌，船舶，航空機（以下「車輌等」という）を所有・使用して交通事業を営むものは，車輌等を安全に保つとともに，安全かつ適正な事業を安定的に運営することに努めなければならない。

第３章　交通基本計画

第７条　交通基本計画

国及び地方公共団体は，環境問題に配慮しつつ，交通権の保障に向け，経済的・社会的に効率的な交通体系を確立するため，総合的な交通基本計画を策定しなければならない。

第８条　国際交通，広域交通の基本計画

国は，国際交通，ならびに国土全体にわたる広域的な交通に関わる総合的な交通計画を策定する。

第９条　地域交通計画

地方公共団体は，都市部ならびに地域的な交通に関わる総合的な交通計画を策定する。

第10条　交通政策策定会議との連携

国際ならびに広域的な総合交通政策の策定にあたっては，交通政策策定会議での議論を適切に反映させなければならない。

第11条　評価システムの確立

各総合交通計画の実施にあたっては，実施状況に関する公的評価システムを構築し，実施前後，また実施中においても定期的に行われなければならない。その結果については報告，公開されなければならない。

第４章　安全の確保

第12条　公正競争の確保

国，ならびに地方公共団体は，交通において安全の確保が徹底されるために，交通事業者間の競争が適切なものとなるよう，市場環境を整備しなければならない。

第13条　交通労働者の労働環境の整備

安全に交通輸送がはかられるよう，交通労働者の労働環境は適切に整備されなければならない。

第14条　情報の収集および周知

安全な交通体系の確立のため国，地方公共団体，事業者は，安全に関わる情報を収集し，それを適切な形で公開しなければならない。

第５章　交通機関間の誘導調整

第15条　交通機関間の政策調整

国及び地方公共団体は，経済的かつ社会的に効率的な交通体系の構築に向け，各事業間の整備・利用に関する政策調整を行う。

第６章　環境問題への対応

第16条　環境対策

環境への負荷を最小化するため，環境負荷の少ない交通機関，エネルギー使用への需要誘導を公的に行っていく。その成果については統一的な基準を設定し，それに基づいて公開し，適宜政策の見直しを行う。

第７章　バリアフリーの実現を目指して

第17条　交通関連施設の整備義務

国，地方公共団体，事業者は，その責務において，移動制約者をはじめとして，すべての国民が交通権を

参考1　交通運輸労働者協議会による総合交通基本法案

（2001年2月23日時点）

●本草案は，筆者もその策定メンバーの一員として草案づくりに参加しており，ここで述べてきた交通権を保障する上で，現時点で最も望ましい形のものであると思われるので，ここに提示しておく。

第1章　総　則

第1条　目　的

今後わが国の経済社会は，国際化，情報化及び高齢化がますます進展すると予想されている。こうした中で，国民が，環境問題を考慮しながら，各種交通機関を自由に等しく選択し，安全かつ快適に利用できるようにする必要がある。そして同時に，交通が，国土の総合的かつ普遍的利用を促す上で重要であり，国民経済の発展と国民生活領域の質の向上に資するものであることを考えなければならない。この法律は，交通全般に関し，国及び地方公共団体，車輌，船舶及び飛行機を所有・使用する事業者等の責務を明らかにするとともに，経済社会状勢の著しい変化に対応した，国及び地方公共団体の行うべき総合的な政策の基本を定めることにより，交通体系の整備，交通の安全確保，交通環境の整備，交通労働者の適正な労働条件の確保等の推進を図り，もって公共の福祉の増進に寄与することを目的とする。

すなわち，国民が「環境にも配慮しつつ，誰にでも，いつでも，どこへでも安全で合理的に，かつ便利，快適，正確に移動でき，かつ自由に貨物を送り受け取ることができる」という交通条件を保障するものである。

第2条　交通権

日本国憲法の第22条（居住・移転および職業選択の自由），第25条（生存権），第13条（幸福追求権）など関連する人権を集合したものである。

「国民の交通する権利」は，国民が自己の意思に従って自由に移動し，財貨を移動させるための適切な移動手段の保障を享受する権利である。すなわち，現代社会における交通は，通勤・財貨輸送などの生活交通はもちろん，物流・情報など生産関連交通，旅行などの文化的交通，さらに災害救助の交通など広範にわたるため，国民が安心して豊かな生活と人生を享受するためには交通権の保障と行使が欠かせない。そのためには，交通のもつ公共性という性質を再認識しなければならない。

第3条　本法律の位置付け

本交通基本法は，社会政策的観点から，交通に関する総合法規として，これまで分立してきた各種事業法を整理・統括する上位法として存立する。

第2章　責　務

第4条　国の責務

国は，陸上交通，海上交通及び航空交通に関する総合的な施策を策定し，財源の確保を含みこれを実施する責務を有する。

（1）この点、ここで扱っている問題を発表したある研究会では、昨今のデファクトスタンダードの状況などをみて、事態はむしろ逆ではないかという反論があった。しかし筆者は、そのような状況が及んでいる社会的範囲からみて、多品種少量生産の範囲のほうが圧倒的に大きいとみて、このような判断をした。

（2）たとえば、環境に優しい商品などは、他商品に比べ値段が高くなる場合が多いけれども、十分に買い手がつく。これなどは、消費者意識の変化の顕著な表れであろう。

（3）国が本来行うことを地方が代行することに対する支払いである国庫負担金と、地方間の経済格差を平準化するための地方交付税交付金など、中央からの財源委譲に大きく依存する構造になっている。

（4）沖縄の場合を考えてみよう。沖縄の地域振興では、かならず豊かな自然ということが前面に押し出されるが、周辺アジア諸国には、それと同様な豊かな自然環境が多々存在している。これらとの競争はじつに厳しいものがある。

（5）このことは、土産ものの発展の歴史をふり返ってみれば理解できるだろう。たとえば東海道筋の土産ものは、江戸時代、参勤交代や伊勢参りなどで街道を往来する人びとの目によって見出されたものが多い。「異なる目」による相対化の具体的事例である。

（6）内部の人だけでは利害関係に縛られてなかなか運動が進まないし、外部の人間が先頭にたってしまうと、地元の人をまとめにくくなるという問題がある。理想的には、外部の人が問題の所在を明らかにしながら、地元の人を先頭に運動を展開するというのが最も理想的な姿であろう。その具体的な例としては、八丈島のデポジット推進運動がある。

（7）この状況を強く表わしているのが、中央省庁の地方自治体に対する不信感である。そのため、政府は地方自治における自由裁量権を地方自治体の手に完全に渡そうとはしない。

（8）負の効果として、吸い上げ効果ということがある。吸い上げ効果とは、都市圏との交通の便がよくなることによって、地方の人が都会に移住してしまうことをいう。しかし、ここでは、大都会との効率的な交通網の確立が、吸い上げ効果よりも、長期的にみて、地域振興に資するものとみる。

（9）交通権学会編『交通権憲章』日本経済評論社　一九九九年　一二四ページ。

（10）現に衆議院の法制局は、交通基本法策定に関する民主党の要求に対して、交通権に関しては、その概念がまだ一般的に確立されたものではないことを理由に、法案中に繰り入れることに抵抗を示している。

（11）たとえば、一県で空港も、新幹線も、高速道路も、全部揃えようという欲求はその一例といえるだろう。筆者が以前、ある地方公共団体の交通企画課を訪問した際、同一の部屋に空港政策課と新幹線誘致の課、そして高速道路を建設する課が、お互いに連携もなく、個別的に並存している状況に接した。

（12）交通労協政策委員会資料より。また、以下の二つのポイントの指摘も同様。

参考文献

運輸省運輸政策局監訳『英国における新交通政策』運輸政策研究機構　一九九九年

戸崎肇『情報化時代の航空産業』学文社　二〇〇〇年

補論１　これからの地方自治行政における政策評価

１　なぜ今、政策評価が必要なのか

第５章で論じた交通権を十分な形で保障していくためには、各種の政策がどのような意味をもち、また効果をもたらし、問題点があるのかということを、その時々において見直し、検証していく必要がある。つまり、それが政策評価を行うことの重要性である。

そこで、ここでは政策評価について少し考えてみたい。それを考える前に、なぜ政策評価を行うことが今日、重要なのかということについて、あらかじめ考えておくことが大切である。その重要性を皆が認識して始めて、政策評価の実行も、効果的なものとなるからである。

昨今の厳しい財政赤字については、広く知られているところである。累積六〇〇兆円をはるかに超える赤字は、国家財政の破綻を予期させる段階にまで到達している。現在の小泉政権では、こうした財政赤字の解消に向けて、個別的にはさまざまな問題を抱えながらも、全体としては、財政改善に向けた強い姿勢を打ち出している。こうした状況下で近年、改革の必要上、強く主張されているのが「地方交付税交付金制度」である。

地方交付税交付金制度というのは、第二次大戦後、地方自治が財政的に破綻状況にあるなかで、民主主義の根本である地方自治の芽を摘んではならないと、経済力のある県から経済力の弱い県へと、政府を介して財政委譲を行い、各県間の財政力の平準化を図ろうとしたものである。戦後の日本経済を民主的な理想社会の建設に向けた、革新的実験の場にしようという、シャウプ勧告が活かされたものであった。こうして出来あがった制度が、今日に至っているのである。

しかし、この制度に対して、特に首都圏民から、経済活動の成果が不当に地方に吸い上げられている、正当な豊かさの権利の追求が阻害されているといった批判がなされるようになった。こうした声は、現時点では、政府にとっては都合のいいものとなっている。

現在、地方財政は「三割自治」といわれるように、ほとんど自主財源をもたず、必要な財源のうち、約三割を政府からの補助金に、残り三割を地方交付税交付金によって充当させている状況にある。政府としては、こうした重荷を取り去り、身軽になった上で財政構造改革に臨むことが望ましい。そうしたなかで、地方交付税のあり方に異を唱える首都圏の声は、政府の向かおうとする方向への追い風となったのである。

ちょうどそうしたなかで、「地方の時代」といった言葉がブームとなってきた。バブル崩壊後の停滞した経済のなかで、革新的な行政が行いうるのは、政府の硬直した体質から離れた地方であるという主張が前面に出されるようになったのである。地方には、国家間同士の関係を調整しなければならない政府のような面倒な手続きなしに、国際間の地方同士で新しい協約を結ぶことができるなど、政府に比べてかなりの自由度をもつ。そのため、「ローカライゼーション」といった言葉で象徴されるような新しいスタイルの行政運営の可能性が、地方自治体に期待されたのである。しかし、それはあくまでも可能性であって、現実には、果たしてそうした可能性を現実化できるだけの能力をもった優秀な人材が地方に十分にいるのかどうかといった、大きな問題をもっている。

そこで、「地方の時代」というスローガンのもとに、地方の自由度が増す一方で、地方財政の政府からの自立化が求められる現状では、地方行政のあり方を積極的かつ厳密に捉え直し、その抜本的な改革を行うとともに、その評価が客観的かつ広範な担い手によって行われていく必要がある。つまり、地方の存続をかけた取り組みが、この財政構造改革のなかで求められているのであり、そうした背景をにらんだ上で、住民一人一人がこうした政策評価に関心を寄せ、積極的に参加していくことが望まれるのだ。そうでなければ、コミュニティーは崩壊し、これからの高齢化社会は大変深刻な事態を迎える。

2 高齢化社会の到来とコミュニティー

高齢化社会（六五歳人口が全人口の四分の一以上を占める社会）は、少なくとも二〇二五年には、確実に日本社会でも現出する。そうした時代では、高齢者の面倒をこれまでのようなシステムで見ることはできないだろう。高齢者人口に対する労働力人口の割合が限度を超え、現在のような公的年金制度は維持できなくなり、私的年金だけであれば、必ずそのなかでカバーできない部分が問題となってこよう。こうした事態に的確に対応していくために鍵となるのが「コミュニティー」なのだ。コミュニティーにおいて、互助的なシステムをボランティアで創設することができるかどうかが、これからの高齢化社会を乗り切れるかの鍵となることと思われる。詳細は第2章で論じているが、この意味からも、今後の地方自治が適切に運営され、地方行政の破綻が起きないような体制を整えていくことが必要である。こうした地域住民が地方自治システムに直接関与する機会を設けることによって、地域住民も地方のあり方、地方自治の意義というものを考え直し、その改革に向けた地域全体の動きを組織化することにつながっていくだろう。

3　地方行政評価システム構築の視点：透明性の確保

地方行政をどのように評価していくのかについては、いくつかの重要なポイントがある。そのなかで最も重要だと考えられるのが「透明性」（トランスペアレンシー）の確保である。

現在のような政治的無関心がなぜ生じているかといえば、なによりも政治過程と住民との間の意思疎通が分断されている状況があるといえよう。近年では、情報公開法の存在も広く認知され、住民は、以前よりは容易に各種の行政情報にアクセスできるようになった。しかし、たとえば、どの情報を入手すれば問題の解決につながるのかは、一般の人びとにはわかりずらいところである。こうした点を逆手にとり、中央省庁の考えを代弁するような学者のなかには、情報を住民に開示しても、どうせわからないのだと公言する人さえいる。しかし、こうした考え方はきわめて危険である。「エリート政治」の暴走を許し、行政を私物化する方向につながっていく温床となりかねない。また、各種審議会の委員にしても、その選考過程がきわめて恣意的であるがゆえに、メンバーが固定化してしまい、利権の温床となると同時に発想の貧困化を招き、問題を深刻化させている。そこで、これからの行政評価は、透明性を高め、それについて住民全体の理解が得られるか、つまり、評価の内容の衆知徹底をいかにしていくかという議論を進めていかなければならない。

4　明確な基準の設定

つぎに問題となるのは、どのようなやり方で行政評価を行っていくのかということである。まず、明確な基準を設定することが重要だろう。つまり、できるだけ評価の尺度を数量化し、その算定根拠を公開し、いつでも議論の余地を残しておくことである。もちろん、地域特性、その地域特有の事情といったものもあり、数量化できない部分もあることは確かである。その点に関しては、関係者に対するインタビュー調査など、定性的な評価に基づかざるをえないだろう。その場合でも、その調査方法について毎年検証し、常に客観的なものとなるような工夫・改善のプロセスを構築する必要がある。

評価を数量化することの意味は、他の地方自治体との比較検討を容易にするということである。住民に対しては、どの地方自治体が最も努力しているのかを客観的に評価する機会を与えることによって、「足による投票」をしてもらうことも考えられる。つまり、魅力的な地方自治体に多くの人が住むような環境を醸成することは、厳しいことではあるが、行政の取り組みに対する姿勢をいっそう真剣なものにさせていくことが求められるだろう。このように、住民の行政に対する評価が、居住地選択という方法で表われるようなシステムを「足による投票」という。

ただ、このシステムにも限界はある。それは、これまで住んできた地域を動くことができない理由を抱えている人びとをどのように遇するかという問題である。この問題を解決するためには、行政単位を見直し、コミュニティー単位での評価システムを導入していくことが考えられよう。

このように考えると、一地域の取り組みといった狭い視野で行政評価を考えるのではなく、周辺市町村を巻き込んだ広範な運動への取り組みが求められる。こうした方向によって初めて取り組みへのインセンティブが生まれ、行政改革への取り組みが加速されていくだろう。

5　費用対効果

数量化の最たる取り組みとしては、「費用対効果」というものが盛んに論じられている。これは、どれだけの費用をつぎ込んだ結果、どれだけの効果が現われたのかを具体的に計算しようというもので、すでに中央省庁レベルでは、二〇〇〇年度の予算策定段階において公共事業の実施の可否を決める判断基準として導入されている。しかし、その効果の算定根拠が曖昧なために、ほとんどが的確な判断材料となっていないという現状がある（特に社会的効果をどう考えるかという点）。したがって、地方での取り組みとして、この費用対効果の算定方式について広く公開された場で議論し、この問題に対するモデルを地方から提示していく気概が求められるところだろう。

6　代表性の問題

現在はインターネットの発達や情報公開、それに対する意見聴取も広範かつ迅速に行われるようになった。しかし、これについてもデジタルデバイド（digital divide）の現状を正確に把握しておかないと、意見の偏りを招きかねない。特に地方レベルでは、いまだにインターネットなど、情報機器を使いこなせない人が数多くいる。彼らの参政権を保障していくためにも、「情報化社会」という言葉にまどわされず、本当に情報化がどこまで進んでいるのかを把握した上で、インターネットなどを通じた公平化の努力を進めていくべきだろう。また、どの意見が国民を代表するものか、地域の総意なのかということは、判定することが非常に難しい問題である。この問題をないがしろにすれば、利権エゴ、地域エゴを常態化することになりかねない。この点、昨今の政治の世論の吸い上げ方に不安があるという点を指摘しておきたい。

以上、大局的な見方について議論を進めてきた。こうした視点をもっておけば、あとは実務段階での話である。結論としては、地域の事情を考慮しつつ、どこでも当てはまるような行政評価の項目をつくり、その算定方式を明確化しながら、透明な議論を進めることが今求められている。その具体策については、今後の具体的な取り組みのなかで討論していきたい。

補論2　政策形成

経済不況の深刻さから構造改革が声高に叫ばれている。しかし、具体的な政策の実施に対する国民のコンセンサスが得られなければ、市場は動かず、政策は絵に書いた餅に終わる。そこで、いかにすれば政府の政策に対する信頼性が高められるか。現在あまり注目されていない面から考察してみたい。

1　請願権の見直し

まず、請願権の見直しである。請願権は憲法第一六条に規定された権利である。これによって国民の政策提案権を強化し、広く政策形成への参加をはかることによって、一種の政策競争を催すことが考えられる。もちろん、現国会法のもとでは、各種委員会での審議があり、その場での議論に留まってしまう可能性が高いが、これを改変し、政策案に対する国民投票の場のようなものを設定できればどうであろうか。確かに少数意見の抹殺という危険性をはらむものの、首相公選制の衆愚政治の危険性に比べれば望ましい選択肢といえるのではないか。ちなみに、戦後四三年間の請願制度の実績を見てみると、衆議院では三二万四九九八件の請願に対して一〇万一八四四件が採択され、また参議院では一五万一八四八件の請願に対して七万三二三六件が採択されている（中央大学・菊池守氏調査）。しかし、採択された後、実際に政策として実現できたかどうかは委員会、事務局の取り組み次第ということもあり、実現化の過程の検証も求められるところである。

2　審議会改革

つぎに審議会改革を提唱したい。本来、識者を代表して政策の有効性を検証すべき審議会が政府によって指名されることは、それだけ政府の意を呈した委員の選定に結びつく可能性が高くなる。また、いつも同じ委員が選定されることによって、政策検証の見方が固定化されたものとなり、時局に適した審議が行われず慣行どおりのものとなり、特に変革期には障壁となるのではないか。この点で注目すべき研究が国際的に行われている。マンチェスター大学のニール・ダックスベリーは、オックスフォード大学出版局から、国際プロジェクト研究の成果として、一九九八年に*Random Justice*という本を出版した。これは、くじ引きのシステムを導入した無作為な社会的意思決定システムについて論じたものである。その前提として、選ばれるべき人物の資質は明確に規定される。同書では主に政治家の選出に関して述べているのだが、ここでの議論にも共通するものがある。くじによる代表選出システムは、「理性」が働かないという批判はまぬがれないものの、①均衡のとれた偏りのない代表性を実現できる、②盲目的な意思決定であるがゆえに調整コストがかからず、低コストで代表を選出することができる、③任期を明確に設定することで、さまざまなしがらみや癒着関係を断ち切ることができる、というメリットがある。今、司法界では、陪審制の見直しの議論としてこの種の議論が行われているが、経済運営でもこの問題提起は検討すべきではないか。

おわりに：一般財源化問題とPI（パブリック・インボルブメント）

昨今、小泉政権の「聖域なき構造改革」の一つの目玉として浮上してきたのが道路特定財源の一般化財源問題である。

岡野秀行氏は、一般財源化の主張に対しては全面的に反対し、道路特定財源の特性（長所）としてつぎの三点をあげている。[1]

① 必要な財源の確保　単年度予算主義の補完

② 受益者負担　フリーライダーの排除

③ 資源配分と公平な負担　租税価格（道路利用者税）をシグナルとして受益者のニーズと施設供給のバランスを図る。

この点については、中条潮氏が、受益者負担とは端的にいえば料金システムだといいきっている。

そして、岡野氏は、本当に無駄な道路投資に充てるほど財源に余裕があるのなら、道路利用者税を減税すべきであると主張する。

この延長線上にあるのが、杉山武彦氏である。杉山氏は、「一般財源化と使途拡大とには性格の相違があり、基本的な差は、受益者負担の原則を放棄するものであるか、擁護するものであるかという点に求められる」とし、使途拡大までは容認するけれども、一般財源化は認めないという姿勢を堅持している。

ただし、こうした主張は、供給を増加させることによって、渋滞をはじめとする交通問題の解決をはかろうとする意味合いが強く読み取れる。しかし、本書中で取り上げたＴＤＭ（交通需要マネジメント）という観点から考えれば、こうした方向性は、環境問題など、これからの社会のあり方の要請に適合しないのではないかと思われる。

一方この問題に関して、環境問題など自動車がもたらす外部不経済の問題を重視し、特定財源を一般化し、それを環境対策など広い用途に使用可能にしていくべきであるという論者もある。ただし、この場合も一般財源の振り分けに対し、政府が果たして適切な判断を下しうるのかどうかという疑問が出てくる。この点は、特定道路財源の擁護派からは、規制緩和の流れに真っ向から反するものだとして強い批判がなされている。

こうして考えてみると、この論争の最終的な帰着点は、「政府の失敗」と「市場の失敗」のどちらを重くみるかということになろう。

ケインズは、政府こそがさまざまな規制や統制を行って、市場を健全に動かしていかなければならないと考えた。彼は、市場の情報が最もよく集まるのは政府であり、政府こそが最も合理的な判断を行うことができるとした。このような政府万能論は、ケインズが生まれ育った場所の名前を使って、反対論者から皮肉を込めて「ハーヴェイロードの前提」といわれている。これは日本でも長く信奉されてきている考え方であり、特に発展途上の段階では、優秀な人材が政府に集まる傾向があることからも、この主張は説得力をもって迎えられてきたのである。

しかし現実には、官僚組織の硬直化によって合理的な判断は行われず、財政の放漫化が進んでいるという問題性を呈している。このような問題性を表わす言葉が「政府の失敗」である。

一方、「市場の失敗」とは、市場のメカニズムに任せていては、収益性の高いものの供給だけが優先され、採算は取れないものの、社会的に必要なものが供給されないという事態が生じるということを指している。環境対策や、地方の生活に密着した道路の建設などはその例となろう。

ここであえて筆者は、現在のように社会構造の変動が激しく、それに対する素早い対応が望まれる状況では、政府の指導性が十分に発揮されるような体制がとられるべきだと考える。すなわち、一般財源化を容認する立場である。ただし、「政府の失敗」が起こらないようにするためには、政策決定過程を適切にチェックする体制を同時に構築していかなければならない。つまり、政策決定プロセスの透明性の確保である。そして、この点において昨今注目を集めているのがＰＩ（パブリック・インボルブメント）である。

ＰＩの詳しい説明に関しては、『欧米の道づくりとパブリック・インボルブメント』（合意形成手法に関する研究会編集　ぎょうせい　二〇〇一年）に詳しいので、そちらを参照されたいが、その際問題となるのは、どのような形で国民、住民を関与させるのかという根本的な問題である。

この問題について太田和博氏は、地域交通政策の意思決定システムが満たすべき要件として、つぎの六つの項目をあげている。大変参考となるので、以下に取り上げてみたい。(2)

① 地域住民の意見の反映
② 民主的な利害調整
③ 専門家の適切な活用
④ 適切なガイドラインの設定
⑤ 効率性の確保
⑥ 多数の地方自治体の包含

そして、この六つの要件を念頭に置いた地域交通政策の意思決定システムの提案として、「独立した交通政策策定主体（エージェンシー）を有する、このエジェンシーの最高議決機関は各自治体の代表者からなる、このエージェンシーは専任の交通専門家を有している、国は必要に応じて規制を課す、交通関連地方税や交通プロジェクトの採否に関しては住民投票を行うことができる、情報公開を徹底する」などとしている。

確かに理念的にはこうあるべきであろう。ただ、これを現実のものとする場合、いくつかの難しい問題に直面する。たとえば、各自治体の代表者の「代表性」の問題がある。つまり、誰が「代表」なのか、代表として選ばれた人はその地域代表としての正統性を十分に備えているのかという問題である。単に声が大きい人、自分から立候補して選ばれた人だと、住民の一般的な声を反映していることにはなりがたい。ここに選抜の難しさが生じてくる。

また、交通専門家の選定に関しても、どういう基準で選ぶのかという問題がある。これまでは、往々にして政策決定に際して、提案者側に都合よく発言してくれるという理由から専門家が選定されてきた傾向が強い。この点をどう考えるべきか。これについては、本書のなかでロッティング・システムの導入について言及しているので、その部分を再度参照されたい。

つぎに適切なガイドラインの設定について、国の関与をどの程度線引きできるかという問題があろう。そして最後に、住民投票の評価の問題である。住民の志向性には、往々にして財政錯覚の問題が絡んでくる。すなわち、国家補助など、なんらかの補助が入るならばその事業は安くできるものであるという考え方が住民によって形成され、需要度が高まるということである。

しかし、こうした問題は一つ一つ打開していかなければならない。現にそうした取り組みが各地で進められている。各自治体が独創的な取り組みを実践し、その情報が共有されノウハウが蓄積されていくなかで、交通をはじめとする政策決定プロセスの透明化、民主化も確保されていくことだろうと期待する。

(1) 中公新書ラクレ編集部編『論争・道路特定財源』中央公論新社　二〇〇一年

（2） 太田和博「地域交通政策の意思決定システム」藤井弥太郎他編『自由化時代の交通政策』東京大学出版会　二〇〇一年

著者紹介

戸崎　肇

一九六三年大阪府に生まれる。一九八六年、京都大学経済学部卒業。同年、日本航空株式会社に入社。この間、京都大学大学院に学び、一九九五年、博士号（経済学）を取得。同年、帝京大学経済学部専任講師。一九九九年、明治大学商学部助教授となり現在に至る。

専門は公共政策学、国際交通論。主な著書に『航空の規制緩和』（勁草書房）、『地域振興と航空政策』（芦書房）、『情報化時代の航空産業』（学文社）などがある。

現代と交通権（規制緩和と交通権1）

二〇〇二年六月一五日　第一版第一刷発行

著　者　戸崎　肇　　◉検印省略

発行所　株式会社　学文社
郵便番号　一五三-〇〇六四
東京都目黒区下目黒三―六―一
電　話　03（三七一五）一五〇一（代）
http://www.gakubunsha.com

発行者　田中千津子

乱丁・落丁の場合は本社でお取替します。
定価はカバー・売上カードに表示。　印刷所・㈱シナノ

ISBN 4-7620-1150-9